황선유 수필집

수비토의 언어

198쪽 / 14,000원

내 수필이 별거라고,
글을 보내라 하고 보낸 글을 실어주어 이만큼 썼다.
헛글일지라도 쓰는 동안은 헛산다는 생각이 안 들어 좋았다.
억장이 무너져 못 쓸 글은 붓방아만 찧다가 여백에 묻는다.
글 속에 와준 인연들, 고맙습니다.

― 작가의 말

황선유

경남 하동에서 나고 부산에서 수필을 쓴다. 2008년 모교에서 박경리 소설가의 노제를 지낸 일이 묘한 계기가 되어 그해 유병근 문하에 수필 입문. 2011년 《수필과비평》 등단. 수필집 『전잎을 다듬다』, 『은은한 것들의 습작』, 『예별』, 『수비토의 언어』 발간. 제15회 황의순문학상과 제13회 부산수필가문학상 대상 수상. 지금은 부산수필문인협회 계간 《부산수필문예》 편집장, 수필과비평작가회의 부산지부장이다.

송차식 네 번째 수필집

204쪽 / 15,000원

수측다욕
壽則多辱

꽃이 좋아 산에 사는 새
꽃을 사랑하는 사람의 마음
꽃다운 세월 지나는 가을의 황혼
벌써 네 번째 수필집 발간입니다.
시집도 두 권 발간했네요.
아직도 어설프기만 한 마음 잘 보듬으면서
살아가렵니다.
매사에 충실히 하려고 애쓰며

― 〈책머리에〉 中에서

송차식

부산 기장군 정관읍 출생
장안중, 동래여고, 방송통신대학교 국어국문학과. 부산대학교 대학원
2012년 《수필과비평》 수필 등단. 2016년 《문학시대》 시 신인상 등단
부산문학인협회 회장. 동래문인협회, 기장문인협회 부회장
부산문인협회, 부산수필과비평작가회, 부산수필문인협회, 드레문학회
2020년 동래문학 제1회 작품상
2020년 제27회 부산문학상 우수상
2022년 문심문학상 본상
수필집 『달이 참나무가지에 걸리다』『그날부터』
　　　『구름아, 이 가을 너도 아는지』『수측다욕壽則多辱』
시　 집 『차茶 향기 속으로』『얼떨결에』

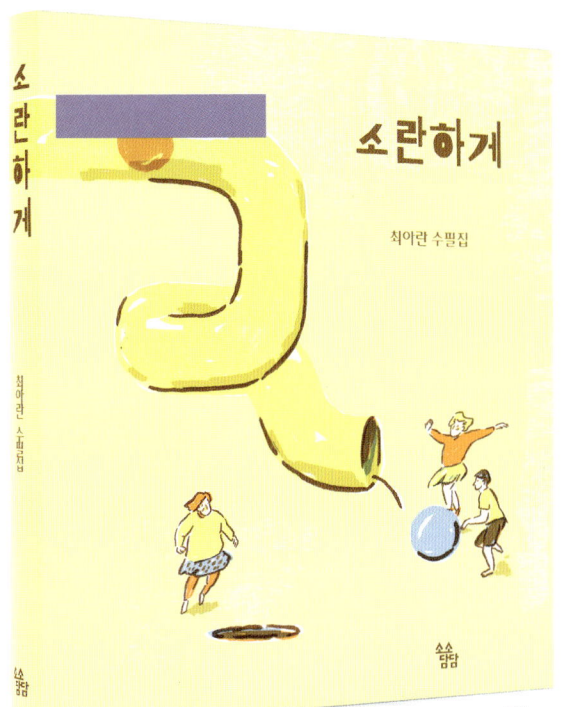

최아란 수필집
소란하게

지속 가능한 미래를 위해
아이들이 그렇게 만든다.
유난스럽게 챙기는 일,
소란스럽게 분주한 일,
산 것이 살자고 하는 일이고
지치지 않고 해야 하는 일이다.

- 본문 중에서

양장본 / 243쪽 / 16,000원

재생종이로 만든 책

최아란

좋은 글을 쓰고 싶어서 좋은 삶을 살고자
긍긍하는지도 모르겠습니다. 정직한 선배,
건강한 동료, 괜찮은 엄마가 되고 싶어서
아는 것, 믿는 것을 실천하려 애씁니다.

표지 및 내지에서
화가 할로 프라우킴의
작품들을 감상하실 수 있습니다.

차례

| 발간사 | 동행 \| **류옥진**(드레문학회 회장) | 08 |

10호 특집글

강경숙	배움의 시간	12
김금예	자유로운 나를 위하여	13
김연희	텃밭 가꾸는 무용수	15
김정읍	벼룻길이라 말할까	16
류옥진	차선변경	18
변순자	이사	19
신서영	나이가 든다는 것은	21
안현숙	세 번의 결혼식	25
이석동	다시 태어나기	26
이승숙	지난 10년과 앞으로 10년	28
이현미	첫 수필집 발간하다	30
정말심	앞으로 십 년 후	32
황선유	어느 60대 노부부 이야기	33

회원 작품

강경숙	십 년 만에 찾아온 녀석	37
고유진	오해와 편견	44
김덕조	심심해서 거울을 본다	51
김병국	물은 흐른다	55
	폭포	59
김정읍	때때로 여행	64
김지숙	전업轉業	69
라성자	견디지 않아도 괜찮아	73

변순자	목욕탕 가는 길	77
	사진 한 장	81
송 숙	2박 3일	86
	거품	89
신서영	멍 때리기	93
안영순	오늘 하루는 당신 것입니다	99
안현숙	은신처	103
이두래	아! 가을인가	108
	청소합시다	111
이석동	배추꽃	116
이승숙	이웃	121
이현미	진료실 풍경	125
임소조	흐린 자국	130
최아란	메론빵	135
	소란하게	138
황선유	오월에는, 스승의 은혜가 하늘 같아서	142
	선망	146
김연희	그냥 가을	151
	미로	152
류옥진	바다 곁에	155
	선물	157
송차식	참나무 친척들	160
	농부의 심정	162
	쓰레기 분리수거	164
정말심	한여름 밤에 꿈	169
	시의 징후	171
홍미영	누구세요	174

● 드레문학회 연혁 176　　● 드레문학 서가 183

이현미 수필집

아날로그의 추억, 그 후

184쪽 / 14,000원

사람 사는 소리와 저녁 무렵의 냇내와 전을 부치는 기름 냄새…. 한 시간 남짓 마을에 머물렀다. 새삼 어릴 적 향수가 가시지 않는다. 나의 엄마가 있고 친구들이 있으며 자라온 내 이야기가 계단 따라 층층이 쌓여 있는 것만 같다. 시끌시끌했던 동네 아이들 뜀박질 소리 대신 중국인 단체관광객의 큰 목소리가 그 자리를 대신해도 나는 그저 좋다.

– 〈아날로그의 추억, 그 후〉 中에서

이현미

그저 수필이 좋아 수필 주위를 서성거렸다. 좋은 스승과 도반, 좋은 글과 함께한 시간이 있어 이 책을 낸다. 2010년 《수필과비평》으로 등단하고 드레문학회 회장을 지냈으며 수필과비평작가회, 부산수필과비평작가회, 부산문인협회, 부산수필과문인협회, 드레문학회 회원이다.

드레문학동인지 에스프리드레 제10호

물은 흐른다

| 발간사 |

동행

류옥진
드레문학회 회장

서로 발걸음이 달라도
손잡아 함께 가지 않아도
같은 마음 함께 응원해주며
먼 마음이라도 보태 주는 것

시계추 같은 인연 속에
서로의 길에 행복향기 뿌려주고
마음길 깔아주며 다르게 걷는 길
함께라야 동행이라고 하는 건 아니지

먼저 간 길을 뒤따라가는 것도
떨어져 나란히 같은 곳을 향하는 것도
마음이 함께하는 길
그 길을 동행이라 부른다

— 시「동행」—

유병근 선생님의 제자들이 모여 드레문학회를 만들고 그 드레문학회가 동인지를 발간한 지 벌써 10년이 되었습니다. 어떤 말로 자축해야 할지 몰라 시 한 편으로 문을 열고 축하의 인사를 대신합니다.
  또한, 함께 문학의 길을 걸어오신 회원님들께 감사드리며, 10년이면 강산이 변한다는 것은 옛말이 된 지금은 눈만 감았다 뜨면 강산이 변한다고 합니다. 이미 강산이 여러 번 바뀐 시간을 우린 지나왔고 또 앞으로 걸어가야 합니다. 지난 10년의 시간 드레문학회의 지주 같았던 유병근 선생님께서 이제 더 이상 우리 곁에 계시지 않지만, 우리는 제자로서 선생님의 뜻을 이어야 할 숙제를 가지고 있습니다. 유병근 선생님의 그늘 아래 모여 글꽃을 피우기 위해 함께 노력했던 드레문학회. 유병근 선생님의 부재는 구멍 난 하늘이고 사막에 핀 수선화라는 느낌이 듭니다. 하지만 서로가 서로를 위해 하늘이 되어 주고, 비가 되어 주어 드레문학회는 서로가 서로의 지주가 되었으면 합니다. 동행하는 드레문학회가 되었으면 합니다.

드레문학회 동인지 《에스프리드레》가 발간 10주년을 맞이했습니다. 우리 동인의 문학적 활동을 망라한 성장 보고서가 무려 열 권이나 쌓아진 셈입니다. 10년이면, 갓난아기가 가슴 몽우리 차오르는 소녀가 되어가는 시간입니다. 10년이면, 어리숙하던 신입사원이 노련한 베테랑이 되는 시간이기도 합니다. 그 10주기를 맞아 우리 동인들의 '십 년의 이야기'를 들어보는 코너를 마련했습니다. 지난 10년간 뜻깊었던 일과 앞으로 10년간 일구어갈 일에 대해 여쭈었습니다. 함께 나이 들어가는 동인 식구들의 진솔한 이야기를 들어보시죠.

- 편집자 주

에스프리드레 10호 발간 기념 특집

지난 10년
앞으로 10년

강경숙 김금예 김연희 김정읍 류옥진 변순자
신서영 안현숙 이석동 이승숙 이현미 정말심

배움의 시간

강 경 숙

　지난 10년은 내 삶을 살찌게 하고 풍요롭게 해준 매우 고마운 시간이었다. 조용히 나를 일깨워주는 시간들이 어제가 되어 쌓이고 오늘에 이어 다시 내일로 차곡차곡 이어져 가는 중이다.
　최근 12년간 나는 한국방송통신대학교에서 국문학, 중문학, 문화교양학을 공부하며 많은 지식을 얻고 있는 중이다. 이제 영문학에 도전하여 앞으로의 시간도 알차게 보내리라 다짐해본다.

자유로운 나를 위하여

김 금 예

　수입이 일정하지 않은 떠돌이 강사 그린. 생계를 끊임없이 걱정하면서도 전세금까지 빼내 자신이 지향하는 신념을 지켜낸다. 성소수자라는 이유로 직장에서 사직을 강요받는 부당함에 대해서도 당당하게 맞선다.
　그린의 어머니는 요양보호사다. 인간관계의 친밀함에 대해 부정적이다. 친구나 애인 따위의 허술한 관계를 어떻게 믿겠느냐는 것이다. 한편으로는 '나도 젊은 애들이 말하는 앞뒤가 꽉 막히고 편견으로 가득 찬, 세금만 축내는 부류의 노인이 되는 걸까.' 고민한다. 마치 내 속을 들여다 본 듯하다.
　그녀의 환자 젠은 평생 사회에 헌신한, 널리 알려진 지식인이다. 그러나 현재는 한 명의 가족도 없이 기억을 잃어가는 독거노인일 뿐이다. 노후를 기탁할 목적으로 후원금을 내고 들어간 요양병원 측이나 사회의 그 누구도 치매 걸린 젠을 책임지지 않는다. 그린의 어머니가 발을 삐어 며칠 결근한 사이 젠은 요양병원에서 은밀하게 이송된다. 버려지다시피 되는 것이다. 나는 인생에는 가정이 없고, 살아버린 생은 다시 돌아오지 않는다는 것을 알고 있다. 그럼에도 불구하고 회의감이 든다. 젠이 만약 지나간 시절로 다시 돌아간다면 어떤 삶을 선택할까.

나는 다가오는 70대를 알뜰하게 여기고 있다. 영화나 소설에서 노년기에 접어든 인물에게 시선이 집중되는 것은 자연스러운 현상일 것이다. 문제는 노년기의 치매다. 부모님 유전인자만을 볼 때 전혀 그럴 일이 없을 것 같지만 치매에 걸리지 않으리란 보장을 무엇으로 할 수 있단 말인가.

그린의 어머니는 요양병원에서 온데간데없어져 버린 젠을 포기하지 않는다. 생이 얼마 남지 않은 젠을 기어이 찾아내어 자신의 비좁은 집에 데려온다. 갈등으로 얽힌 가족, 그린과 그녀의 어머니, 그린의 동성 연인 레인. 그렇게 젠은 특별한 가족의 애정 어린 보살핌 속에서 임종을 맞는다.

고대소설부터 현대문명의 창작물에 이르기까지 계속되는 마법의 주술은 어느 순간 속을 뻥 뚫어 주는 복선화음. 이것이 인간의 선량함을 나타내는 본질일 것이다. 이 순간, 젠은 자신의 과거를 결코 후회하지 않을 것이라는 확신이 든다.

어느덧 손 내밀면 닿을 듯 가까이 다가온 나의 70대. 정신은 어느 때보다 자유로울 것이라는 한 가닥 기대감을 품고 오늘을 산다.

요즘 낭보가 들린다. 최근 공동 개발한 치매 치료제가 품목 허가를 받아 올 연말쯤 출시될 것으로 예상된다는 소식이다.

텃밭 가꾸는 무용수

김 연 희

　오랫동안 꿈꾸어왔던 전원생활 3년차가 되었습니다. 엉성한 텃밭과 아직은 무질서한 나의 작은 정원이 가지런하고 아기자기한 모습을 할 그 날을 꿈꾸며 가드닝 공부를 하고 바지런하게 마당 생활을 즐기고 있습니다.
　한국무용을 배운 지 어느덧 2년이 지났습니다. 3년을 버티고, 향후 10년을 보며 한걸음씩 가고 있습니다. 바라기는 무릎이 견뎌주는 노년의 그 어느 날까지 한국무용의 세계에 우아하게 머무를 예정입니다.

벼룻길이라 말할까

김 정 읍

지난 십여 년은 벼룻길*이었다고 말할까. 늦가을 곱게 단풍 든 나뭇잎이 하나둘 떨어지듯이 나의 반쪽이, 막내 오빠마저, 또 막내 올케와 큰올케까지 내 곁을 떠나버렸다. 벼룻길보다 더한 벼랑길에 차갑게 매달려 있는 것 같은 막막함이었다. 그렇다고 손 놓아 버릴 수도 없는, 그 외롭고 두려운 마음을 잘 버티게 해 준 건 벼룻길 주변에서 여전히 위로와 소망으로 손 내밀어 주는 저들 덕분이었다.

아빠를, 할아버지를 잃었어도 각자의 길 꿋꿋하게 가며 들려주는 저들의 낭보에 힘을 얻었다. 저들에게 걱정 끼치지 않으려 다시 길을 찾았다. 자욱한 길이지만 계속 걸었다. 흐트러진 감성을 추스르고 추억의 순간들을 담아 두 번째, 세 번째 수필집 『옆자리』와 『나를 알고 계시온지!』를 펴냈다. 잘하였노라고 스스로에게 칭찬을 한다.

앞으로 주어질 미래, 기한을 정할 수 없지만 무엇을 추구하며 살 것인가. 이제 추구해야 할 것은 더 열심히 기도해야 하는 것이리라. 자녀들이 계속 나아갈 길에 대하여 그 안녕과 성취를, 이웃들의 평화를 위한 기도를 하며 살기를 희망한다. 이웃이란 나라와 민족과

세계를 포함하는 것을 의미한다. 나를 위한 기도도 계속할 것이다. 지금까지 지내온 것에 대한 감사와 앞으로 만나는 사람들과 밝은 미소가 이어지기를. 자연의 아름다움에 감동하는 정서를 잃지 않기를. 그리고 수필가로서의 창작 활동도 끝까지 감당하여 네 번째 수필집을 내는 것도 그려본다. 또한 증손자를 보는 꿈을 꾼다.

'우리의 연수가 칠십이요 강건하면 팔십이라도 그 연수의 자랑은 수고와 슬픔뿐.'이라는 말씀과 '모세가 죽을 때 나이 백이십 세였으나 그의 눈이 흐리지 아니하였고 기력이 쇠하지 아니하였더라.'는 말씀도 있다. 말씀에 의지하여 건강 유지도 잘되기를 희망한다. 그리고 천상병 시인의 「귀천」을 감칠맛 나게 읊으며 걸어갈 것이다.

* **벼룻길** : 강가나 바닷가의 낭떠러지에 나 있는 길

차선 변경

류 옥 진

　직장생활 37년 차⋯. 증권회사에서 제조회사, 그리고 대학교수로 차선 변경을 신나게 하고 다닌 덕분에 많은 세상을 경험하였고, 여행이 취미인지라 세계 곳곳을 다녀 많은 추억과 사진이 남겨졌다. 시인의 타이틀을 단 지도 10년째이다.

　밥은 때마다 먹지 않으면 배가 고프듯, 아직도 난 여행을 하고 싶고 또 다른 차선 변경을 하고 싶다. 물론 직장생활의 정년이 다가오고 있어서라도 차선 변경은 필수이지만.

　10년 후 나는 어떤 모습을 하고 있을까 궁금해져 2034년을 들여다보았다. 여전히 나는 누군가를 가르치고 있다. 그리고 여전히 여행을 다니고 있으며, 여전히 글을 쓰고 있다.

　희미하게 보이는 책장에 꽂힌 나의 두 번째 시집, 그리고 알 수 없는 상장, 그리고 조금 더 능숙해진 글쓰기, 아마 드레동인지의 스무 번째 발간에 맞춰 글을 쓰고 있는 듯하다. 형색이 주식이 대박이 났는지 돈이 많아 보인다. 여전한 10년을 보냈나 보다.

　2034년의 내 모습을 위해 오늘도 최선을 다해본다.

이사

변 순 자

신혼 초, 남편의 인사이동에 서울 변두리 이쪽에서 저쪽 끝으로 이사를 할 때였다. 지극히 단출했던 세간이 세발 자동차 적재함에 실렸다. 처녀적 월부로 사 모은 전질 책 꾸러미와 덩그러니 책장 하나, 큰 다라이에 옹기종기 들앉은 식기와 솥 냄비뿐. 남편은 적재함 가운데 널널하게 자리를 잡고 연탄화덕이 급정거에 넘어질세라 신경 쓰며 앉아있었다. 새로 들어갈 작은 방 바로 덥히고 저녁을 지어야 하는 화덕의 불은 소중했다.

작년 6월에 40년 넘게 살아 온 바닷가 정든 집에서 직경거리 500미터 남짓 윗동네로 이사를 왔다. 어릴 때부터 해조음을 자장가 삼아 살았고, 서울에서 몇 년 산 것을 제외하면 거의 평생을 바닷가에서 원껏 살았으니 이젠 산 쪽으로 가서 살겠다고 입버릇 했다. 하지만 정든 곳을 떠난다는 게 쉬운 일이 아니었다.

이사를 염두에 두고 1년 전부터 이런저런 고민이 많았다. 고물수집상을 방불케 하는 온갖 목물이며 토기들, 몇십 년 써온 가계부, 갤러리 운영의 꿈을 꾸며 발길이 잦았던 그림 전시회의 카탈로그 뭉치와 화첩들이 머릿속을 헤적였다.

단출하게 시작했으나 50여 년의 뒤끝은 간단하지 않았다. 반세기 동안 다지고 구겨 쟁여놓고 살던 살림이다. 졸지에 쫓기듯 옮기는 것도 아니건만 그렇게 덜고 빼냈는데도 뭔 살림이 이리 많은지. 가볍게 털어내고 떠날 속다짐이 무색했다. 인연의 끈과 사연이 있는 물건들을 모질게 내쳤는데도 너무 많다. 수많은 반성과 회오를 거듭하면서 40여 년 만의 이사가 나에게 가정 경영인으로서의 성적표를 받게 한다. 그때는 필요했고, 갖고 싶어 무리한 것들을 정리하며 남편에게 너무 미안했다.

그래, 살림살이가 이리 재어진 것은 그동안 이사를 않고 살았기 때문이야. 신축으로 옮겨 다니는 이유가 단순히 재테크뿐만이 아니라 십 년 주기든지 오 년 주기든지 이사를 함으로 버리는 것보다 얻을 것이 많다는 것을 뒤늦게 알았다. 늦었지만 앞으로 몇 번의 이사를 생각하는 중이다.

나이가 든다는 것은

신 서 영

　사거리 모티에 자리 잡은 〈빈빈〉은 감나무가 주인 행세를 한다. 뜰을 독차지한 이 나무는 건물을 멋스럽게 하는 배경이 되기도 한다. 수종樹種이 많은 정원수 중에 하필이면 감나무일까. 유년에는 어느 집에서나 흔히 볼 수 있는 친근한 나무지만, 아파트로 변한 주거지에서는 귀한 유실수다. 잎이 돋고, 꽃이 피고, 발갛게 열매가 익어 떨어지고 나면 시린 겨울을 나목으로 지낸다. 그 나무에서 계절을 읽는다.

　이 공간에서 수필 창작 수업을 시작했을 때만 해도 둥치가 가느다란 나무는 사방으로 가지만 뻗치고 있었다. 지나가는 바람은 다 가지에 매달려 한바탕 신명을 풀어냈다. 나무 그림자가 창문 가득히 일렁이면 밖에서 안을 보아도, 안에서 밖을 보아도 한 폭의 수묵화처럼 아련한 풍경이었다. 그러던 나무가 이제 나이를 먹어 둥치는 굵고 튼실해 어지간한 비바람에도 휘둘리지 않는다.

'나이가 든다는 건, 조금 더 솔직해지고
　스스로 더 많이, 관대해지면서 여물어 가는 것

타인에 잘못도 내 탓이라면서 다 웃어넘기며
나이 든다는 건 더 멋져지는 것'

어느 대중가요 가수가 부른 노랫말 일부분이다. 평범한 가사지만 중후한 모습에 감성 어린 목소리가 리듬을 타면서 깊은 여운을 남긴다. 그래! 맞아. 나이는 그냥 먹는 게 아니다. 귀가 순해진다는 이순耳順을 넘긴 지도 오래되었지 않은가. 남은 생이라도 이렇게 감나무처럼 여물어 가며 노후의 삶을 살아야겠다고 다짐해본다.

벌써 14년째다. 2010년에 회원 20명으로 〈드레문학회〉를 결성하고 초대회장을 맡았다. 2015년에는 《에스프리드레》라는 창간호를 발행했고, 올해는 10호가 발행된다. 스승께서 문학회는 동인지가 꼭 있어야 한다던 당부의 결실이다. 한 단체가 책을 발행한다는 것은 쉬운 일이 아니지 않은가. 몇십 년을 간행해 오던 문학지가 폐간되는 것을 볼 때마다 마음이 편치 못하다.

동인들은 문학회를 결성하기 이전부터 유병근 스승님 문하에서 함께 수필 공부를 한 도반이다. 그러고 보니 20년을 훌쩍 넘긴 세월이다. 학연이나 지연이 아닌, 오직 수필을 쓰기 위해 만났으니 특별한 인연이다. 매주 목요일이면 글공부를 하고, 스승과 마주 앉아 점심밥을 먹었으니 어떤 인연이 이보다 더 깊다고 할 수가 있을까. 그 짙푸른 그늘이 넉넉하고 풍성하다.

몇 해 전에는 항상 곁에서 가르침을 주실 것 같았던 스승님이 소천하셨고, 겉으로는 무뚝뚝하지만 마음은 달맞이꽃처럼 여린 감성을 가진 신창선 선생님과 마더 데레사같이 인자한 김욱희 선생님도 갑자기 하늘의 별이 되었다. 연세가 들면 세상을 떠난다는 것을 알면서도 미처 생각지 못한 황망함으로 회원 모두 크게 슬펐다. 그런가 하면 서울로 이사 가서도 해마다 문학 기행에 빠지지 않고 참석하는 안현숙 선생님, 그 먼 길을 친정 나들이 오는 기분으로 한달음에 오신다는 귀한 걸음도 소중했다. 동인들과 어울려 회포를 풀고 나면 다시 열심히 살아갈 힘을 얻는다는 그의 말에 가슴이 울컥하기도 했다.

 나 역시도 그렇다. 아버지같이 인자하신 스승님이 계셨고, 가슴 속에 쌓인 글 한 편에 웃고 울던 지난날들이었다. 서로의 즐겁고 아픈 가슴을 다독여주면 그게 친정이 아니겠는가. 사실 나이가 들어가면서 쓰는 수필 한 편보다 몇십 년을 한 공간에서 배움을 위해 모이는 그 열정이 대단한 것이다. 오랜 세월을 동고동락한 드레 동인들만이 나누는 끈끈한 정이다. 이제는 눈빛만 봐도 서로의 마음을 읽을 수 있겠다. 더 살갑게 챙겨주지 못함이 먹먹한 그리움으로 남는다.

 팔월 한더위가 대단하다. 오늘은 커피 한 잔 들고 감나무 그늘에 놓인 등나무 의자에 앉는다. 어느새 이 감나무와의 인연도 십오 년이라는 세월이 훌쩍 넘었다. 무성한 잎으로 하늘이 보이지 않아 자연 속에 들어온 느낌이다. 제법 시원한 그늘 바람이 일렁인다. 커피 향은 무딘 감각을 깨우고, 주고받는 담소도 싱그럽다. 나무도 나이가 드니 품새가 넓어 편안하다.

해마다 몸집을 키우는 감나무처럼 우리 동인지도 수필이라는 지평에서 날로 발전하고 있으니 이 또한 감개가 무량하다. 모두가 우리 동인들의 저력이라 하겠다. 나이는 저절로 주어지는 것이 아니다. 나이를 먹는다는 것은 위의 노래 가사처럼 인생을 멋지게 살아가기 위한 방편이리라. 〈드레문학회〉의 한 획을 긋는 10호 동인지 출간을 기뻐하며 축하드린다.

세 번의 결혼식

안 현 숙

　지난 10년 동안 세 번의 결혼식을 치렀다. 셋째의 결혼식을 앞두고 가족 중 누군가 "이번이 마지막 결혼식인데 무슨 이벤트라도 있어야 하는 거 아니야?"라고 하니 막내가 재빠르게 받아쳤다. "아니, 마지막이 아닐 수도 있어, 내가 한 번 더 할 수도 있고, 언니들도 그렇고, 엄마가 한 번 더 할 수도 있잖아?" 다들 뒤집어지게 웃으며 박장대소를 했다. 첫째 때는 예단과 혼수, 가구 등을 함께 고르고 여러 준비를 했는데 만만찮은 시간과 과정이었다. 둘째 이후로는 세태가 바뀌어서 이번의 셋째 결혼에 내가 한 일이라고는 저희들이 오라는 날짜에 가서 한복집에서 옷을 고르고 치수를 잰 것뿐이다. 결혼식 전의 스드메라고 하는 기본 과정과 필수 과정인 살림집 마련, 가구 등의 온갖 복잡한 과정을 두 사람이 신속한 의사결정으로 쉽게 했으리라 여겼는데 기세등등하던 셋째가 지친 표정이다. "아, 힘들어, 두 번은 못하겠다."
　아무래도 결혼식은 세 번으로 끝날 것 같다.

다시 태어나기

이 석 동

파산 선고를 했다. 이대로는 안 된다. 이미 과거로 가버리는 현재 이전은 다 지워야 한다. 다시 태어나기 위해서는 내 자신을 개조해야 한다. 큰딸의 권유로 서예를 배우기로 했다. 남은 시간의 공백을 채우기 위해 논어를 강독하고, 류창희 선생님을 만나 수필 공부를 하게 되었다. 글 쓰는 것과는 너무나 다른 인생을 살아온 나로서는 이래선 안 된다는 생각에 기본적인 공부부터 해야겠다고 생각했다. 2011년 3월 한국방송대학교 중문학과에 입학하게 되었다.

예순다섯 1학년. 공부하는 게 쉽지 않았다. '절대 포기는 없다.' 자신과의 싸움에서 져서는 안 된다는 각오 하에 배수진을 쳤다. 4년이 지나갔다. 중문학과를 졸업했다.

다음 국문학, 문화 교양학, 일본학, 법학, 지금은 영문학과 학생이다. 수필 창작, 소설 창작도 수료했다. 학문, 지식, 문화, 교양 등 약간의 상식은 조금 쌓인 것 같으나 글쓰기는 지속적이지 못하니 간혹 습작해도 군더더기가 없어지지 않는 것은 여전하다. 하여 24년부터 드레문학회에 가입하여 김종희 선생님의 지도하에 공부하게 되었다. 기쁘다. 수필을 다시 쓰게 되어 기쁘다.

전전해에 맏형이 세상을 떠났다. 지난달 초삼일 미국 LA에 사시는 누님이 돌아가셨다. 이제 10남매 중 아홉 번째 형님 한 분과 막내인 나만 남았다. 인명이 재천이라지만 어머님이 아흔여섯에 돌아가셨는데 10남매 중 아무도 어머니만큼 사신 분이 없다. 나는 다시 태어나 새로운 삶을 살고 있으니 갑절의 시간을 보내는 것이다.

지난 10년과 앞으로 10년

이 승 숙

나의 지난 10년은 회자정리였다. 부모님을 비롯한 스승도, 가까운 지인들도 먼 길을 떠나셨다. 익숙한 사람들과의 예별은 정리되지 않은 그 깊은 무엇이 불쑥불쑥 슬픔을 건드렸다. 흐린 날 같은 그 우울함에서 벗어난다는 게 쉽지 않았다. 모든 게 느리고 게으른 나는 슬픔을 놓는 것도 더뎠다. 글 쓰는 것도 그랬다. 등단 7년 만에 첫 수필집을 발간했다. 기쁨과 두려움 속에서도 후련하고 홀가분했다.

출판과 함께 시어머니 타이틀도 얻었다. 10여 년을 사귄 여친과 아들이 드디어 혼인하겠단다. 예쁘고 지혜로운 신부였기에 무엇보다도 반갑고 기뻤다. 복된 가정도 감사한데 건강한 손주들까지 안겨줬으니 그 또한 고마운 일이다. 녀석들의 재롱에 내 주름살까지 펴지는 듯하다. 손자 훈이는 점잖은 선비 같은 아이다. 부전자전인지 모습과 하는 짓이 어릴 적 아들과 참 많이 닮았다. 손녀 율이는 성향과 기질이 훈이랑 확연히 다르다. 욕심도 많고 좋고 싫은 게 분명한 아이다.

앞으로 10년은 지금처럼 자가운전 하면서 여행하고 싶다. 틈틈이 글을 쓰고 수필집도 두 권 더 출간했으면 한다. 가끔 사는 복권은 어쩌다 일천 원짜리만 겨우 맞추는데 좀 더 동그라미 숫자가 많아졌으면 좋겠는데 욕심일까. 중학생이 된 손주들이 어떤 모습으로 바뀔지는 나도 몹시 궁금해진다. 훈이는 듬직한 모범생일 거란 확신이 드는 손자고 손녀 율이는 통통 튀는 아이라서 좀체 가늠할 수가 없다.

평소 변비가 있던 율이는 "할머니! 내 똥이 좀 되지." 세 살 아이의 촌 할매 같은 말에 피식 웃음이 터졌다. 두 녀석이 다툼 중 훈이가 안방으로 불리어갔다. "어휴! 또 진실의 방으로 가는구먼." 혼잣말하는 율이에게 진실의 방이 뭐냐 물었다. "뭐긴 뭐야, 혼나는 방이지." 그러면서 연속 하품을 한다. "우리 율이 잠이 오나 보네." "할머니, 그게 아니고 휴식이 필요한 거야." 한다. 함께 있으면 심심할 여가가 없는 아이지만 한번 틀어지면 당최 감당이 안 될 때도 있다.

10년 후엔 그 꼬마들도 멋진 중학생이 되어 있겠지….

첫 수필집 발간하다

이 현 미

　그러게나 말이다. 아직도 어안이 벙벙해. 가만히 지난 10년을 떠올려보니 참으로 많은 일이 있었네. 기쁜 일들은 빨리 지나가고 암담했던 시간은 내 언저리를 맴돌며 떠날 줄 몰랐어. 아이들의 공부가 마무리되고 뒤이어 어른들을 떠나보내야 하는 그 와중에 뜻밖의 서울살이까지.
　어느 것 하나 수월한 것은 없었지만 나름대로 다 의미는 있었던 것 같네. 아무렴, 제자리를 잡은 두 아들이 고맙고 그이 또한 꼭 돈만이 아니라 해도, 친구들 대부분이 정년퇴직의 현실을 받아들이느라 혼란스러워하는데 여태 일하고 있으니 무척 고마운 일이지.
　이때까지만 해도 지난날을 통틀어 가장 기억에 남는 일은 단연 스카이런 도전이었지. 내가 아는 사람 중 그 누구도 엄두 못 낸 일이잖아. 나는 47분대로 2,917계단을 오르고는 그마저 성에 차지 않아 2분 더 기록을 당겨야겠다며 다시 도전했잖아. 39분 만에 완주하여 무려 8분을 앞당기다니! 내 나이 육십에 말이야. 얼마나 기뻤는지 몰라. 기록을 확인하는 모니터 앞의 젊은이들이 엄마뻘인 나를 보고 우레 같은 함성을 지르며 박수를 보낼 때 마치 미스코리

아의 그녀들처럼 손을 흔들던 일이 아직도 생생해. 그 이름도 대단한 롯데월드타워 스카이런 123층 555미터 2,917계단. 그런데 참 이상하지. 그렇게 대단한 메달을 벽에 걸어두고 오며 가며 보면서도 문득문득 치오르는 체기 같은 불편함이 좀체 사라지지 않았으니.

결국 그것은 지난해 6월부터 시작이었어. 한밤 새벽을 가리지 않고 깨어있는 시간은 오롯이 퇴고에 매달렸던 날들. 꼬박 1년 1개월 만에 드디어 첫 수필집을 낸 일이야. 등단 후 14년 만이니 게을러도 너무 게으르긴 했지. 현관 가득 쌓인 택배 상자를 보고는 그야말로 얼음이 되어 버렸어. 한참을 바라보고서야 떨리는 손으로 종이 상자를 풀어 생애 첫 수필집을 꺼내 들었지. 표현 못 할 야릇한 전율과 함께 그간의 체기가 쑥 내려간 기분이었어. 무엇보다 그동안의 글 빚, 책 빚을 갚을 수 있음에 온몸이 노곤해지며 마음의 평안을 맛봤달까. 그 알 수 없는 체기는 결국 글과 책 빚 때문이었나 봐. 내 책을 받은 사람들의 응원과 칭찬에 몸 둘 바를 몰라 하는 나에게 자신의 글을 두고 그러면 안 된다며 따끔하게 나무라는 C 수필가님의 한 마디는 죽비 같았어. 다시 생각해도 지독한 잔소리쟁이 Y 문우, 어서 책 내서 책 빚 갚고 살아야 한다며 졸졸 따라다니다시피 채근해 주어 얼마나 고마웠는지. 진정, 덕분이야.

그래, 이제부터의 10년은 나조차 놀랄 만큼 다이나믹하게 살아볼 참이야. 암만.

앞으로 십 년 후

정 말 심

    소심쟁이에 내성적이기까지 한 나는 때때로 십 년 정도 앞날을 상상하는 취미가 즐거웠다. 따분하거나 눈앞이 막막할 때 한 십 년 후를 상상하면 눈앞의 다급함은 그럭저럭 물러나 있거나 아예 사라졌다. 느린 적응력은 힘들 때 도움이 되지만 주변을 답답하게 하거나 스스로 우울한 기분에 빠지는 부작용도 만만찮다. 아마도 본의 아니게 기회를 놓친 일도 많았을걸.
    65세를 기점으로 이런 판타스틱한 취미 활동을 끝냈다. 이때부터 십 년 후를 예측하는 일은 고통스럽고 두려웠다. 그보다는 지금의 나를 설명할 답이 더 요원하다.
    "앞으로 더 좋은 작품을 쓸 수 없을 것 같다."는 현실적인 고민을 품고 66세에 스스로 생을 마감한 로맹 가리의 삶은 그 나이를 지나가는 나에게 선명한 인식을 던졌다. 물론 그가 자살을 선택한 이유에는 그 외 다른 까닭도 있었을 것이다.
    나에게 65세 이후의 생은 보너스다. 집에서도, '사회 속의 나'도 정년을 마친 홀가분한 시간. 나와 친해지고 싶다. 독자 앞에서의 글쓰기보다 나와 대화하는 시간을 만들고 싶다. 나는 어떤 사람일까.

어느 60대 노부부 이야기

황 선 유

이 노래를 처음 들은 건 가수 양희은의 콘서트에서였다.
"양희은 콘서트에 가고 싶다." 지나는 말처럼 잠깐 했던 내 말을 흘려듣거나 잊어버릴 수도 있었으련만 아들은 부산에서 열리는 콘서트 소식을 서울에서 듣고는 표를 구했단다. 제대 후 복학을 앞둔 아들은 콘서트 그 다음 날에 사십여 일의 유럽 여행을 떠났다.
이십 년 전에 아들과 함께 들었던 노래를 이 년 전에 한 트로트 가수가 '미스터 트롯'이라는 경연대회에 나와 열창함으로 온 나라 중년 부부의 심금을 울렸달까. 콘서트의 양희은 가수는 평범한 듯 보이는 셔츠 차림으로 목소리에 어떤 기교도 없이 기타 반주에 맞추어 나지막하고 잔잔하게 노래를 불렀다. 다만 노랫말이 예사롭지 않다고 여겼을 뿐, 그로부터 이십 년 후에 젊디젊은 남자 가수가 온 몸으로 절절히 부르는 걸 듣기까지는 실로 까마득히 잊고 있었다.
노래의 원곡자인 김목경은 런던 유학 중에 우연히 창밖의 노부부를 보고 영감이 떠올랐으며 돌아가신 부모님을 회상했단다. 노래를 리메이크 녹음하던 가수 김광석은 가사 중 막내아들이 나오는 구절에서 그만 목이 메어 밖으로 나와 소주를 한 잔 마시고 다시 불렀다는 일화가 있다. 그가 막내아들이란다. 이즈음에는 60대에 맞는 노래가 아니다 하여 '어느 90대 노부부 이야기'로 바꿔야 한다고도 하더라만 어떻든.

그날 양희은 콘서트에서 만났던 부부가 있다. 내가 있는 성가대에서 멀찍한 곳에 나란히 앉아 예배 드리는 모습을 자주 본다. 노랫말의 60대 부부로 나이 들어 무척 보기가 좋다. 이렇다저렇다 하였던들 이제는 서로 불가분의 오랜 인연이 되고 만다.

'지난 10년, 앞으로 10년'이라는 짧은 글을 청탁받고는 진작에 예약이나 해 둔 듯 내 나이 60대와 70대의 어름에서야 이 노랫말의 의미를 아껴 되짚어 본다. 젊은 트로트 가수나인 양 무에 절절할 것까지야 하랴마는, 그때의 양희은처럼 나지막하고 잔잔하게 얼마일는지 남은 날들을 아울러야 하리라.

2024 에스프리드레 10호

회원 작품

수필 강경숙 고유진 김덕조 김병국 김정읍 김지숙 라성자
변순자 송 숙 신서영 안영순 안현숙 이두래 이석동
이승숙 이현미 임소조 최아란 황선유

시 김연희 류옥진 송차식 정말심 홍미영

◇ 십 년 만에 찾아온 녀석

강경숙

2014년 《수필과 비평》 등단
kks1109@naver.com

십 년 만에 찾아온 녀석

 아들이 결혼한 지 십 년이다. 십 년이란 세월은 강산도 변한다는 시간이다. 앞에서 끌어주는 사람 없고 뒤에서 밀어주는 사람 없이도 잘 가는 세월이지만 막연히 기다릴 때는 십 분도 지겹고 답답하다.
 언제 오겠다는 약속도 없는 사람을 무작정 기다리는 아들과 며느리는 사무엘 베케트의 희곡「고도를 기다리며」의 주인공 블라디미르와 에스트라공 같다. 그들의 대화는 블라디미르와 에스트라공같이 올 거야, 내일 올 거야라며 희망의 말을 한다. 그 말이 공허해지면 동문서답도 하고 올 거야, 곧 온다고 했어 하며 우리는 기다리기만 하면 된다는 의지로 십 년을 기다렸다.
 결혼할 때 사주를 보니 "다른 것은 다 좋은데 자식이 늦을 것 같다."는 말에 대수롭지 않게 여겼다. 아이가 있기는 하냐고 물으니 "늦다고 했지, 없다고 하지 않았는데요." 했던 말을 희망의 모토로 삼았다. 그렇지만 십 년이란 오랜 시간일 줄은 몰랐다. 사주를 믿는 나도 우습지만 그 말에 매달리고 싶은 간절함 때문이 아닐까 생각한다. 나는 아이가 있으면 좋고 없어도 무방하다고 생각했다. 자식에 연연하기보다 나 자신을 찾고 싶은 사람 중 한 명이었다. 내 생각을 남편에게는 말할 수 없었다. 남편은 손자에 대한 집념이 강한 사람이다. 나는 남편의 눈치를 살펴야 했고 눈치 없는 남편은 너희들은 왜 아이를 가지지 않느냐, 의학이 발달한 시대에 다른 대책은 없느냐고 불쑥 말할까 조마조마했다.

아들, 며느리를 만날 때면 나는 사전에 남편 교육부터 했다. '아이'에 대한 말은 금지어로 지정했다. 그렇다고 고분고분한 남편은 아니다. 왜 말 못 해? 한 번쯤은 의논해봐야 한다는 주장이다. 나는 아이를 갖는 것이 의논으로 해결되는 문제냐고 투박하게 대꾸한다. 없으면 없는 대로 부부가 뜻 맞춰 살면 되지, 굳이 자식 자식 하는 구시대가 아니라고 말싸움했다. 고집을 피우던 남편도 아들, 며느리 앞에선 차마 아이에 대한 말은 하지 않았다. 아이가 없는 그들은 가족에 대해 다소 미안해하는 마음을 갖고 있다. 가족 문제는 이차적이고 우선 자기네들이 아기를 갖고 싶은 소망이 더 크다. 그런 안타까운 아이들에게 손자를 강요하는 것은 인정 없고 모진 짓이다.

자식 때문에 못 살겠다고 하다가 그 자식 때문에 사는 아이러니라는 캠페인의 문구가 떠오른다. 자식 키우는 고생이 부모의 낙樂이라는 아이러니는 부모가 되어봐야 안다. 내 아들과 며느리가 자식 키우는 고생을 그토록 갈망하고 있는 줄 나는 뒤늦게 알았다. 명절 때 외손자들이 몰려와 자리를 같이하다 보면 오손도손 머리를 맞대고 노는 모습이 귀엽다. 서로 다투기도 하고 화가 나서 토라지는 모습을 보는 아들과 며느리가 이방인처럼 소외감을 느낀다는 것도 몇 년이 지나서 알았다.

　설 명절이면 나는 두 딸 식구가 오기 전에 아들, 며느리 피곤할 테니 너희 집에 가서 쉬라며 서둘러 보내었다. 아들, 며느리가 물 위의 기름처럼 겉돌까 신경 쓰여서였다. 혹시라도 두 딸과 외손들이 예사롭게 하는 말이 아들, 며느리에게 상처가 될까 봐 조마조마하기도 했다. 자식 없는 사람 입장에서는 아이들의 엉뚱함이나 소란이 귀엽게 여겨지지 않을 수도 있겠다. 나는 지레짐작으로 피곤을 초래하는지도 모른다. 그들도 함께 자리하고 싶은 마음을 미리 봉쇄해 버린 것일지도.

　그래서 자식은 있어야 한다. 나만을 위해서가 아니라 가족관계에서도 서로의 배려가 눈치로 변하면 틈이 생길 것 같아 여간 마음이 쓰이는 게 아니다. 자식 있는 사람은 자식 없는 심정을 모른다. 세월이 흐르는 사이에 서로 간의 이해로 별일이 없었던 게 다행이었다. 마음의 상처가 있다고 해도 서로의 이해와 격려로 십 년이란 시간을 잘 보내서인지, 마침내 임신이라는 기쁜 소식이 들려왔다.

　며느리는 입덧이 아주 심했다. 속이 울렁거려 물도 마시기 힘들고 걷기도 어려웠다. 병원에 입원했다가 퇴원하고 다시 입원하기를 열 번도 더 했다. 입덧은 사그라지질 않고 열 달 내내 물 마시기도 힘드니 식음 전폐나 다름없었다. 이러다 산모의 생명에 지장이 있을 것 같아 지인인 산부인과 원장에게 상의하니 견디는 방법 외에 다른 도리가 없다는 것이다, 안 먹어도 죽지 않는 병이 입덧이라고 했다. 물만 마시면 괜찮다는 의견이다. 아이 낳기 전까지 고생하는 며느리를 보기가 안타까웠다.

햇볕 좋은 시월에 손자가 태어났다. 남편은 아들이라 더 좋아한다. 구시대의 산증인이 남편이다. 남편의 얼굴에는 함박꽃이 피었다. 최씨 성을 가진 놈이 드디어 태어났다며 싱글벙글이다.

인간에겐 생존 본능과 더불어 종족 번식의 본능이 있다고 한다. 개체 번식이 아니라 종족 번식이라는 어휘를 택해야 한다. 종족 번식의 본능이라니! 나는 호모 사피엔스 종을 유지하기 위해 세 아이 낳았다는 생각은 전혀 하지 않는다. 물론 애들은 보고만 있어도 좋다. 결혼한 성인이요, 자식까지 둔 어엿한 사회인이지만 가끔 명절에 와서 피곤하다고 잠자는 모습은 덩치 큰 천사처럼 이쁘다. 이것이 어쩔 수 없는 인간의 본능일까. 하지만 그 본능에 따라 출산을 한다는 말은 이해할 수 없다. 그만큼 인간이 인간의 행위를 스스로 이해한다는 것이 무척 어렵다고 생각한다.

우리는 인간의 출산에 대해 다른 생물의 번식과는 달리 숭고하다, 성스럽다, 아름답다라고 형언할 수 없는 무언가가 함축된 것처럼 생각한다. 이는 인간이 다른 동물들과 달리 감정과 사고가 있고 심지어 고차원적인 영혼을 가지고 있다는 생각에 근거한다. 하지만 이는 오랫동안 인간 중심주의에 빠져있었기에 생겨난 착각인 듯싶다. 과거 지구가 우주의 중심이라고 생각했던 시절의 믿음과 별반 다르지 않은 오해인 것이다. 나는 십 년 만에 찾아온 손자를 두고 온갖 생각을 다 한다.

우리 가족은 십 년 만에 만난 아이에 대해 모두가 보배로이 여겨

서로가 안으려고 다투기까지 한다. 나는 세 아이를 낳고, 손자 손녀가 넷이나 되어도 새 생명을 마주하는 게 늘 신기하고 새롭다. 십 년 만의 손자는 내 가슴을 더욱 두근거리게 만든다. 어떻게 제 아비와 엄마를 꼭 닮고 한 손에 손가락 다섯 개씩, 합이 열이요, 발가락도 열이며, 코, 눈, 입, 목소리, 감정 이 모두를 다 갖추고 태어나는지 경이롭기만 하다. 요즈음은 서투른 말씨로 자기만 아는 말을 하고 고집을 부리기도 한다. 며느리는 제 마음대로 하면 버릇 나빠진다고 혼을 내기도, 달래기도 한다.

난 속으로 세 살 버릇 여든 간다고 어릴 때부터 가정교육이 중요하다고 생각하지만 저희가 알아서 가르치리라 믿는다. 눈치 없는 시어머니처럼 이것저것 간섭하는 짓을 왜 하겠는가. 내가 며느리에 대해 예를 갖추면 며느리도 그래 주리라 믿는다.

큰딸은 말이 없는 편이라 인정도 없는 줄 알았는데 늦둥이 조카의 이름이 '유현'이라 정해지자 제일 먼저 올케에게 '유현이 엄마'라고 불러주었다. 요즈음 엄마들은 엄연한 자기 이름 두고 아이 이름으로 불리는 걸 싫어한다던데. 누구의 아내, 누구의 엄마라는 말에는 '누구'의 소유물처럼 들려서 싫다는 말에 나도 동감한다. 하지만 우리 며느리는 아기 엄마로 불리기를 얼마나 소원했겠는가. 큰딸의 재치에 마음이 흡족했다. 이처럼 아이가 있으니 가족 관계도 더 원만해진다.

외손녀가 재미있는 말을 했다. 사촌동생 유현이는 하버드대학도 가고 몇 살 더 먹어 서울대도 가고, 또 몇 년 후 고대 연대에도 가야 한다고. 할아버지가 더 낮은 대학은 용납을 못할 거라나. 할아버지는 김칫국을 오래 마셔도 질리지 않는 모양이다. 할아버지 소원처럼 되어야 할 텐데. 우리는 두 돌도 안 된 손자의 대학 이야기를 나누며 깔깔거렸다. 손자 녀석이 아주 큰 이야기보따리를 가지고 우리에게 왔다.

  이 녀석이 두 돌이 가까워져 오니까 연극도 잘한다. 떼를 쓰기도 하고 화를 내거나 연기자처럼 눈물도 흘린다. 눈치를 살피기도 한다. 잘 크고 있다는 증거이리라.

  너도 어엿한 한 인격체가 되고, 또 가족 구성원이 되어 우리라는 사회에 들어왔구나. 소나무처럼 푸르게 무럭무럭 잘 자라라, 사랑하는 유현아!

◇ 오해와 편견

고유진

2013년 《수필과비평》 수필 등단
2016년 월간 《문학세계》 시 등단
제16회 문학세계문학상 수필 부문 대상
수필집 『신은 할 일 없는 자에게 일을 맡긴다』
kyj710117@hanmail.net

오해와 편견

　오페라 작품에서 남자 주인공의 품에 안겨 생을 마감하는 비련의 여주인공. 예를 들어 줄리엣이든 비올레타든 관객이 그리는 여주인공의 모습은 아름답고 연약해 보이길 기대한다. 캐릭터와 어느 정도 싱크로율이 맞아야 몰입도가 커진다고 한다면 지나친 편견일까. 시대착오적인 생각인지는 몰라도, 종합예술로 다가오는 작품에는 관객이 수긍할 만한 시청각적 조건에 부합되어야 한다고 여기기 때문이다.

　디즈니 영화 〈인어공주〉가 주인공으로 흑인 여성을 캐스팅하여 논란이 된 적이 있다. 그것을 인종 차별로만 몰아가는 것에 반감이 들었다. 블랙워싱*이란 말이 생길 정도로 민감한 부분이다. 고정관념의 틀을 깨고 다양성을 추구한다는 명분으로 원작의 배경을 무시하고 무리한 시도를 한다는 의견도 많다. 백설 공주가 흑인으로 나오거나 춘향이가 백인으로 나온다면 얼마나 어색하겠는가. 분명 미스 캐스팅은 몰입을 방해한다. 사회적 문제라는 이슈로 굳이 관객에게 부담과 충격을 떠안길 필요가 있을지.

영화 〈인어공주〉 중

대학에 입학하고 처음 접한 오페라 공연 베르디의 〈라 트라비아타〉는 황홀했다. 여주인공 비올레타는 화려한 드레스를 입고 사교계를 주름잡는 매력으로 관객을 매혹시켰다. 무엇보다 오페라 전반에 걸친 소프라노의 아리아에 흠뻑 빠져들었다. 탄탄한 가창력과 연기력이 뒷받침되어야 하는 그야말로 '프리마돈나prima donna'를 위한 오페라였다. 정작 인물의 서사는 주도적인 비중과 이질적으로 흘러가지만.

그토록 소프라노를 위한, 소프라노가 주도한 오페라임에도 여주인공은 한없이 나약하고 희생적이다. 약자에 대한 차별적이고도 불평등한 시각이 오래도록 극의 주제로 벗어나지 못한다면, 그것이 과거에만 있던 시대적 그늘이 아니라면, 21세기라고 별반 달라진 게 있을까. 오해만 남기고 떠나는 여주인공, 이 뻔한 클리셰가 사회적 분위기나 세태와 전혀 무관하진 않을 것이다. 굳이 성별을 나눠 갈라치기 한다거나 여성 우월주의가 아니더라도, 권위적인 이기

고유진 · 45

주의에 물러나고 그림자가 되어 가는 여주인공이 익숙하게 와닿는 다면 생각의 여지를 남긴다. 그런데도 여가수에 대한 의존도가 높다는 건 또 얼마나 역설적인가.

〈라 트라비아타〉 초연은 흥행 실패했다. 사회 비판적 요소가 불편했을 거라는 분석 외에도 병으로 죽어가는 비올레타 역의 소프라노가 건장해 보인 것이 실은 직관적인 이유였다. 무기력하게 소멸되어 가는 여주인공의 삶에 절망을 느낄 수 없었던 건, 기량이 모자라서도 연출이 서툴러서도 아니었으리라.

루게릭병 환자로 나오는 어느 배우가 역할을 위해 시시각각 말라가는 걸 본 적이 있다. 그는 정말 아파 보였다. 그렇게까지 할 수는 없더라도 관객의 감정이 이입되기 위해서는 배역의 피지컬이 무척 중요하다는 걸 부정할 수 없다. 분장만으로는 한계가 있지 않겠는가. 이것도 위험한 사견일까.

드라마나 영화계에도 페미니즘 현상이 나타나고 있다. 애니메이션 실사판 영화 〈알라딘〉에서 자스민 공주는 원작보다 훨씬 주도적이고 진취적인 캐릭터로 그려졌고, 넷플릭스 드라마 〈더 글로리〉는 복수극의 장르적 진부함과 한계를 뛰어넘어 여주인공의 치밀한 서사가 거침없이 묘사되었다. 물론 짜임새 있는 각본과 연출, 연기 등이 관객의 만족도를 높이겠지만, 시대가 투영된 인식의 변화는 문화에도 지대한 영향을 끼치는 것이다.

요즘 OTT를 통해 제작되는 작품 다수가 웹툰 원작인 경우가 많은 것처럼, 오페라도 문학 작품을 기반으로 한 경우가 많았다. 〈라

트라비아타〉는 뒤마 피스의 소설 『춘희』를 원작으로 한 오페라다. 이 소설은 프랑스의 극작가이자 소설가였던 뒤마 피스 자신의 이야기다. 베르디는 이 소설을 연극으로 공연한 〈동백꽃 부인〉을 보고 깊은 감명을 받아 오페라로 각색하게 된다.

그는 아내와 사별한 후 유명한 소프라노였던 주세피나 스트레포니와 사랑에 빠진다. 그러나 주변의 압박으로 둘의 사랑은 쉽게 이뤄지지 못한다. 사람들 눈을 피해 연인과 함께 파리 여행 중 보게 된 〈동백꽃 부인〉은 그의 감정을 대변해 주는 듯했을 것이다. 원하지 않는 간섭과 굴레에 시들어 가는, 저리도록 현실적인 사랑과 비극적 결말에 얼마나 속울음을 울었겠나. 과연 사랑뿐이겠는가. 이기적인 자본주의와 소외 계층에 대해 목소리를 낸 그 모든 상황에 자신의 처지가 오버랩 되었을 것이다. 원작과 오페라 모두 작가와 작곡가의 경험을 녹여낸 작품이라고 할 수 있다.

결혼식 음악 하면 떠오르는 두 곡이 있다. 신부 입장에 애용되는 바그너의 〈혼례의 합창〉과 주로 퇴장할 때 쓰이는 멘델스존의 〈결혼행진곡〉(〈축혼행진곡〉으로 알려진 곡)이다.

〈혼례의 합창〉은 바그너의 오페라 〈로엔그린〉에 나오는 음악이다. 기대와 설렘으로 가득한 것과는 다르게, 이 오페라는 남녀 주인공이 헤어지고 여주인공은 그 충격으로 죽음을 맞게 되는 새드엔딩이다. 멘델스존의 〈결혼행진곡〉은 셰익스피어의 『한여름 밤의 꿈』이라는 작품에서 영감을 얻어 만든 곡이다. 이 곡은 부수 음악(극음악)으로 연극 공연 때 배경 음악으로 쓰였다. 이 희곡은 행복한 결혼식을 올리며 해피 엔딩으로 끝난다.

상반된 결말처럼 바그너와 멘델스존은 한 시대를 살았지만 아주 상극이었다. 멘델스존은 부유한 유대인 집안이고, 바그너는 가난했으며 유대인을 극도로 싫어했다. 결정적인 계기는 바그너가 오페라 〈방황하는 네덜란드인〉을 가지고 독일에 진출하려 했을 때, 멘델스존에게 퇴짜 맞으며 무산된 이후부터다. 바그너에게는 상류층과 유대인에 대한 혐오증이 생길 정도였다. 그러니 그들의 음악을 결혼식에 나란히 연주하는 건 상상조차 못 할 일인 것이다.

그런데도 오늘날 이 두 곡은 결혼식 음악으로 널리 쓰이게 되었다. 1858년 영국 빅토리아 공주의 결혼식 때 연주하면서 유행하게 되었다고 한다. 클래식 애호가였던 공주가 오페라 〈로엔그린〉의 내용을 모를 리 없음에도 선택한 이유는 바로 바그너의 열렬한 팬이었기 때문이다. 축복의 노래로 문제가 없기도 했다.

히틀러는 바그너 음악을 추앙하면서 멘델스존 악보는 불태우고 동상을 철거하는 만행을 저질렀지만, 빅토리아 공주는 그들의 음악이 함께할 수 있는 명분을 만들었다. 결과적으로 시너지가 되어 대중에게 더 친근하게 다가올 수 있었다.

흔히 알던 음악 속에는 이렇게 미처 몰랐거나 오해한 진실들이 숨어있다. 중요한 것은 그것을 받아들이는 관점이 아닐까. 예컨대 〈라 트라비아타〉를 통해 여주인공의 희생을 부각한다든지, 남주인공의 무딘 현실 감각이 답답하다든지, 남주인공 아버지의 편향적 시각에 공분한다든지 그런 감정적 소모보다, 음악 작품으로 사회성을 더하고 현실적 갈등을 그려낸 것에 더욱 무게를 두어야 할 듯싶다.

극단적이거나 왜곡된 것에는 거부감이 들지만, 한편으로는 우리가 그리고 상상하는 등장인물마저 정형화되어 있는 건 아닌지 생각해 보게 된다. 선입견으로 창작이나 예술의 파이를 좁히는 부작용을 낳는다면, 음악 역시 수용할 수 있는 마음의 여백이 필요할 것도 같다. 바그너 음악이 결혼식에 울려 퍼질 때 설사 오페라의 결말을 안다고 한들 무슨 상관이겠는가. 편견 없이 음악으로 행복을 누릴 수 있다면 그로써 충분하지 않을까.

* 인종적 다양성을 추구하기 위해 영화나 애니메이션에서 백인이었던 캐릭터를 흑인 등의 유색인종으로 바꾸는 현상

◇ 심심해서 거울을 본다

김덕조

2014년 《수필과비평》 등단
부산수필문인협회 부산문인협회
수필과비평작가회, 부산수필과비평작가회,
드레문학회, 사하문인협회 회원
수필집 『비꽃을 보다』, 『그 겨울은 따뜻했다』
kdj7124@hanmail.net

심심해서 거울을 본다

 강물이 하품을 한다. 나뭇잎도 까딱하지 않는다. 이마에 땀이 났는지 근질거린다. 손등에 묻어나는 땀을 보며 게으른 바람을 탓하기도 한다. 가끔 보이던 갈매기도 보이지 않고 사람도 다니지 않아 둘레길이 심심하다. 심심하면 엉뚱해진다.
 두 사람이 엘리베이터를 타고 높은 층을 오르는데 아내가 "우리 심심한데 뽀뽀나 할까."라고 했다. 화들짝 놀란 남편 "와! 위험한 여자네."라며 문이 열리자 뒤도 안 돌아보고 달아나더라고. 그냥 재미있는 영화 한 장면을 흉내 내 본 것뿐인데 놀라기는. ㅋㅋㅋ
 오늘같이 한적하고 심심한 날 햇볕과 입맞춤을 해도 무방하다. 바람과 입술을 맞댄다고 누가 뭐라 할 건가. 비행기도 심심한지 하늘에서 정적을 낸다.
 우리는 심심하면 안 된다. 가만히 앉아 천장만 보고 있으면 멍 때리기 시합이라도 하는 줄 알 것이다. 누구는 심심해서 거울 속의 여자와 말을 했다고 한다. 아무도 자기 말을 들어주지 않는다고 했다.
 초로기初老期 우울증을 앓는 그녀는 자꾸 거울 속을 본다. 왜 나를 보고 말하지 않고, 당신 닮은 저 여자가 더 좋아? 하고 묻는다. 아니, 아니라고 해놓고 또 거울을 본다. 말동무가 되어 주겠다고, 심심하지 않아야 한다고 말은 그렇게 하면서 나도 마땅히 할 말이 없다. 아이가 인형을 가지고 놀 때처럼 "이거 어때? 이거 입을까? 시장 갈래? 옷 사러 가자." 그는 헛말을 한다. 시장에 가서 뭐 살 건데? 하면 몰라 그냥, 하고 웃는다. 책을 읽으라면 눈이 나쁘단다. 노래를 불러라 하면 고개를 젓는다.

그녀도 아이들 키우고 시집 살 적에는 너무 바빠서 아플 새도 없었다. 혼자되고 말 상대가 없고부터 심심하단 말을 입에 달고 있다. 자식들은 바쁘다. "약 먹었어?"라며 묻는 전화 한 통화가 유일하다. 그녀의 생각은 옛날에 머물고, 세상은 자꾸 바뀌는데 그는 달라진 세상을 알지 못한다. 심심하다는 것이 아픈 증세인 것 같다. 그녀는 아무것도 안 한다. 사람들은 심심하면 다 병이 나나 보다.

그녀와 도서관에 갔다. 그 많은 책을 둘러보는데, 꺼내 볼 마음은 없다. 그는 심심할 수밖에 없을 것이다. 책을 열어보지 않으니 무슨 말이 들어 있는지 알지 못한다. 가깝던 친구도 하나둘 사라진다. 가물가물한 기억은 흥미마저 앗아갔다.

아이들이 좋아하는 만화책을 권해보아도 "니가 보세요." 하고 밀어낸다. 책 선물을 제일 좋아하던 그가 책 보기를 소 닭 보듯 한다. 그녀가 거울 속을 들여다보는 것은 낯익은 여자가 마주 앉아 있기 때문이다. 그녀가 웃으면 저도 같이 웃고, 시무룩할 때도 왜 그러냐고 귀찮게 묻지 않는, 만만하나 동무라 생각하기 때문이리라.

사람들은 심심하지 않으려고 강아지를 껴안고 다닌다.

나는 심심하면 베란다의 화분에 말을 건다. '어쩜, 꽃 진 자리도 이렇게 예쁠까.'라고 하면서.

◇ 물은 흐른다
◇ 폭포

김병국

2005년 《에세이 문예》 수필 등단
2011년 《문학도시》 시 등단
시집 『겨울 그 자리』
수필집 『용이 된 연어』, 『보리밥 한 그릇과 막걸리 한 잔과 햇살 한 조각』
minamkbk@naver.com

물은 흐른다

　구포에서 백양산으로 오른다. 거리는 짧지만 가파르다. 바위 전망대에 걸터앉았다. 물 한 모금 마시며 굽이치며 흐르는 낙동강에 눈 화살을 보낸다. 오후의 햇살을 가득 담은 강물은 푸른 눈같이 반짝인다.

　헉헉거리며 불응령에 오른다. 산이 평지라면 힘들게 오를 이유가 없을 텐데. 오름의 고통을 보상이라도 하듯이 정상은 일망무제의 조망과 땀 흘린 후의 상쾌함을 기꺼이 내어준다. 정상에는 비바람에 흙들이 씻겨 내려가고 바위만 거칠게 남았다. 풀도 없고 바람만 휑하다. 마음 둘 곳 어디에도 없다. 그런데 난 높은 곳을 향해 오름을 멈추지 않는다.

　몸은 낮은 곳에서 높은 곳으로 오르지만 내 몸 안의 물은 높은 곳에서 낮은 곳으로 흐른다. 산은 나의 몸이고, 물은 나의 마음이다. 산을 품고 있는 물은 이슬같이 순수하고 맑다. 산이 흐르면 물도 흐른다. 물은 위에서 아래로 향하는 길이 막히면 넘어가지 않고 에둘러 간다. 부딪히면 살며시 돌면서 쉬어가고, 부족하면 채우고, 모이면 다시 흐른다. 경사가 심하면 빨리 흐르고, 완만하면 느리게 나아간다. 서두르지 않고 끊임없이 이어진다. 생명을 유지하려는 인간의 호흡같이 자연스럽고 여유롭게 흐른다.

물은 흐른다. 높은 곳에서 낮은 곳으로 흐른다. 항상 자신은 높은 경지에 있으면서도 한순간도 자신을 낮추지 않는 적이 없다. 자신이 잘났다고 고집하지도 않고, 낮은 곳을 깔보지도 않는다. 비는 눈같이 평등하게 땅에 내리지만, 세상의 높이가 같지 않기 때문에, 어버이의 내리사랑같이 유연하고 부드럽게 대패질하듯 낮은 곳을 채운다. 의도적으로 하는 게 아니라 그게 그의 본성이다. 세상이 평등해지면 환골탈태라도 하는 듯 승화하여 하늘로 올라간다.

물은 바다로 향해 흘러간다. 하지만 바다가 무엇인지 알지도 못하면서 두려워한다. 두려움이 생기는 것은 바다가 끝이냐 아니냐, 흐름이 멈추느냐 않느냐는 사실에 있는 게 아니다. 바다가 끝이고, 그곳에서 흐름이 멈출 것이라는 생각에 있다. 만날 때와 헤어질 때, 기쁠 때와 슬플 때, 심지어 태어나고 죽는 순간에도 흘러간다. 찰나도 흐르지 않을 수 없다. 지금-여기 순간에만 존재하기 때문이다. 그런데 생각은 지금-여기 있지 않고, 과거로 역류하고, 미래로 뛰어넘고 그곳에서 머문다. 멈추면 썩는다. 멈추는 것은 흐름이 아니라 생각이다. 멈추는 그곳에서 두려움이 생긴다.

세상에 막을 수 없는 것은 시간의 흐름이다. 사형을 기다리는 사형수, 출옥을 기다리는 죄인, 출산을 기다리는 임산부, 결혼을 기다리는 신부 등 누구에게나 강물같이 흘러간다. 그 시간은 짧고 길게, 기쁘고 슬프게 느끼더라도 흐름의 법으로 보면 단지 찰나의 느낌이다. 그 순간이 두렵지 않은 사람 어디 있으랴. 그러나 바다를 흐름의 종점이라고 생각하는 나에 비하면 아무것도 아니다.

흐름을 막을 수 없듯이 살아 있는 이상 생각은 멈출 수 없다. 생각하면 할수록 흐름의 무게는 무거워지고 결국 무게에 눌려 자신은 속박 당한다. 아무리 무거운 흐름이라도 생각만 하지 않는다면 자유롭게 흘러간다. 흐름 자체는 무게가 없기 때문이다. 즐거우면 웃고 슬프면 울고 그렇게 살아가면 되는데. 우리는 즐거운 느낌은 붙잡고 싫은 느낌은 없애려고 생각하기 때문에 얽매인다.

한순간도 멈추지 않고 변화하는 흐름, 그게 그의 본성이다. 흐름은 멈춤이 없기 때문에 어느 한순간도 흐름이 아닌 것이 없다. 흐름 자체가 참 나다. 그런데 우리는 무엇인가 잡으려는 삶을 살기에 그것에 속박되어 자신의 정체성을 잃고 자기만의 의미를 찾기 위해 역류하려고 한다. 물은 아무리 움켜쥐어도 주먹 쥔 손안의 모래같이 빠져나간다. 흐름의 진리를 안다면 바다가 끝이 아니라는 것을 알고 두려움에서 자유로울 수 있을 텐데.

생명은 멈춤이 아니라 흐름이다. 흐름은 잡을 수 없는 찰나의 변화라는 사실을 인식한다면 멈추지 않을 것이다. 우리는 멈추어도 생명의 흐름은 멈추지 않는다. 이런 흐름의 진리를 안다면 생사도 흐름 속에 있다는 것을 알 수 있을 텐데. 우리는 태어남과 죽음을 다른 명칭을 붙여 구분한다. 우리는 보이는 것만 보기 때문이다. 물은 만물을 살리기 위해서, 죽이기 위해서 있는 게 아니다. 그저 흘러갈 뿐이다.

모두 고향에 가기를 원한다. 앞만 보고 달려가는 물도 고향에 가기 위해서다. 물은 더 갈 데가 없는 낮은 바다에 이른다. 바다는 흐름의 끝도, 두려움의 대상도 아니다. 새로움을 잉태하기 위한 안식처다. 하늘이 바다에 내려와 수평선에서 한 몸이 되고, 바다는 다시 하늘로 올라간다. 하늘이 열리면서 바다는 푸른 산 빛을 타고 내려와 산의 물이 되어 흐른다. 시작도 끝도 알 수 없는 오로지 흐름만이 있다.

물은 사라지더라도 흐름은 사라지지 않는다. 자신의 흐름을 알 때 자신의 존재와 삶의 본성을 알 수 있다. 그러면 속박의 굴레에서 벗어나 자유를 얻을 수 있을 것이다. 마치 타향에서 고향 가듯이.

폭포

　우주를 품은 풀잎 끝의 이슬방울은 끝을 모르는 흐름을 연다. 흐름은 흐름을 잉태하고 새로운 기쁨을 찾는다. 멈출 수 없는 환희는 어느새 삶의 멍에로 다가온다. 흐름은 자연의 삶이다. 멈출 수 없다. 멍에를 내리려고, 여울목에서 물거품을 일으키면서 격렬한 몸부림을 쳐본다. 하지만 거머리 같은 기억의 무게를 떨치기엔 역부족이다. 꼬리에서 솟구친 혈액은 머리에서 곤두박질치면서 폭포가 된다.

　폭포는 삶이어야 한다. 폭포는 산이 높다 해서 높은 것도 아니고, 강이 깊다고 해서 웅장한 것도 아니다. 폭포는 수많은 세월의 인내와 암반과 물의 조화로 생긴다. 무른 바위는 닳아 없어지고 모진 바위만 남아 폭포가 된다. 칼로 자른 듯 우뚝 솟은 바위의 벼랑 밑은 어둡고 시퍼런 물이 넘실거린다. 뇌성 벼락이 천지를 작살내는 것처럼 폭포수는 곧장 아래로 떨어진다. 웅덩이에는 분노를 삭이지 못한 듯 하얀 물거품이 솟구친다. 그것만으로도 폭포는 두렵고 공포를 자아낸다. 하지만 물보라 위에 날듯이 그려지는 돔형 무지개는 새로운 세계로 향한 문이 아닐까.

폭포는 떨어짐이어야 한다. 대지의 회색 기운을 가득 안고 지칠 줄도 모르게 달려온 흐름은, 세월의 무게 때문에 더 감당키 어려운 흐름의 끝에 선다. 멈출 수 없는 흐름을 버티어 보지만 스스로의 무게로 절벽에 떨어질 수밖에 없다. 폭포는 두려움과 외경의 대상이 아니라 부딪혀야 할 현실 세계다. 부정할 수도 거부할 수도 없다. 피할 수 없다면 스스로 떨어지리라. 떨어짐은 고통의 정점이며, 스스로 정화하기 위한 몸부림이다.

폭포는 끊임없이 토해야 한다. 폭포수의 떨어짐은 언어를 구토하는 순간이다. 목구멍에서 혀를 타고 의식도 없이 토하는 언어는 비수가 되어 자신의 가슴으로 되돌아온다. 그러하더라도 쉬지 않고 끊임없이 토해야 한다. 억겁이 쌓인 무의식의 기억까지 토해야 한다. 토해도 토해도 똑같은 크기로 쌓이는 낡은 언어는 어이해야 하나. 그래도 토해야 한다. 겨울의 단단하고 차가운 얼음 속에서도 한순간도 멈춤 없이 토해야 한다. 어느 날 낡은 언어는 사라지고 새로운 언어가 생기지 않겠는가.

폭포는 자멸이어야 한다. 높은 곳에서 낮은 곳으로 단순히 떨어짐이 아니다. 스스로 비상하는 버드나무 씨앗처럼 가벼워지도록 끊임없이 떨어져야 한다. 흐름은 인연의 줄을 끊고 스스로 자멸해야 한다. 한 번의 자멸로 흐름의 무게를 줄이기 어렵다. 끊임없이 자멸해야 한다. 자신의 무게 때문에 스스로 상처를 입지 않도록 가을의 낙엽같이 아름답게 자멸해야 한다. 빈 곳은 아무것도 없음이 아니라 없음의 있음이듯이, 자멸은 생명의 멈춤이 아니라 생각의 끊어짐이고, 새로움을 잉태하기 위한 떨어짐이다.

　폭포는 깨어짐이어야 한다. 두려움을 안고는 보이지 않는 낭떠러지로 다가가기 쉽지 않다. 그렇다고 떨어짐을 피할 수 없다. 이왕 떨어질 바에 당당하게 떨어지리라. 벼랑 밑이 어둡고 보이지 않아 두려움이 일어나는 게 아니다. 자신의 낡은 옷을 벗지 못하기 때문이다. 자신을 믿고 떨어져 깨어져야 한다. 결과에 따라 행복해지고 불행해지지 않는다. 결과는 새로움의 다름이라는 것을 안다면 웃으면서 떨어질 수 있지 않겠는가. 부·명예·기쁨·슬픔 모든 것을 안고 어둠의 절벽으로 떨어져야 한다. 그냥 떨어지는 것이다. 바위에 부딪혀 사방으로 깨어지는 일갈은 고통의 신음이 아니라 산고의 환희다. 이것은 아픔을 승화시키는 인내의 과정이 아닐까.

　폭포는 새로움이어야 한다. 폭포는 물의 흐름을 멈추는 게 아니라 변화시킨다. 떨어짐은 반복되지만 낡은 것이 아니다. 하나가 없어지면 다른 하나가 새롭게 생기듯이, 하늘의 끝에서 새로운 물이 끊임없이 솟구치면서 떨어진다. 시간과 공간도 함께 떨어진다. 떨어짐으로 인해 흐름은 뒤집히고 시간과 공간이 소멸한다. 인간의 고통은 시간과 공간을 소유하는 만큼 생기는 게 아닌가. 떨어짐은 잠깐이고 다시 물이 모이고 넘치면 시간과 공간이 흐른다. 낡은 시간이 흘러가고 새로운 시간이 세상에 이어지도록 끝없이 떨어져야 할 텐데. 떨어짐은 끝이 아니라 새로운 시작이 아닐까.

　폭포는 종소리이어야 한다. 댕그랑 댕그랑……. 푸른 종소리를 무수히 토해낸다. 인간의 목소리에 익숙해진 귀로는 푸른 소리를 보지 못하리라. 하지만 푸른 울림은 멈추지 않는다. 곧은길로 가는 청빈한 자의 희망을 저버릴 수 없기 때문이다. 닻이 바닥에 닿듯이 종소리가 폭포 웅덩이의 수면에 내려앉을 때 사방은 침묵 속으로 빠져든다. 아무리 청아하고 바른 울림이라도 말을 하면 언어의 유희에 불과할 뿐이다. 오직 할 일은 댕그랑할 뿐이다. 끊임없이 댕그랑할 뿐이다.

 폭포는 스스로 정화한다. 정화하기 위해 별다른 노력이 필요 없다. 그냥 떨어지면 저절로 정화된다. 자신이 정화되었음을 알려고 애쓰지 마라. 자유롭다고 느낀다면 자유를 지속하고픈 탐욕이 일어나는 것과 같다. 그냥 떨어져라. 무엇을 위해 떨어지는 게 아니라 단지 자신이 폭포임을 자각하면서 떨어져라. 그래야 절벽의 경계를 통하여 새로운 세계로 나아가는 길을 발견할 수 있을 게 아닌가.

◇ 때때로 여행

김정읍

2009년 《수필과비평》 등단
2007년 토지문학제 수필 부문 우수상
2008년 겨울 간호문학상 수필 부문 우수상
수필집 『움직이는 벽』, 『옆자리』, 『나를 알고 계시온지!』
수필과비평작가회, 부산수필과비평작가회, 드레문학회 회원
yjkim3228@hanmail.net

때때로 여행

　단톡방이 떴다. '때때로 여행'이다. 하도 조심스러운 세상, 망설이다가 살짝 들어가 본다. 아하, 너희들이었구나. 한참 전에 아버지를 여의고 지난해에 어머니까지 타계하여 허허로울 조카들. 어머니가 계시지 않는 어머니의 첫 생신을 맞아, 어머니를 기리는 마음으로 고모님을 찾아뵙고 싶다는 조카 내외와 조카딸들 네 명이 오겠단다. 코끝이 찡해진다.
　여행을 좋아하는 저들은 가끔씩 부모님을 모시고 여행을 다녔다. 내가 그들 여행에 가끔 낄 수 있었던 것은 저들 어머니가 시누이인 나를 지극하게 챙겨주었기 때문일 것이다. 자기 자녀들한테는 지나치게 엄격하면서도 시누이한테는 한없이 너그러웠던 올케, 조카들은 그런 고모를 부러워하면서도 좋아해 주었다.
　금방이라도 비를 뿌릴 듯 몰려왔다 흩어지기를 반복하는 안개구름과 태풍을 몰고 올 것 같은 세찬 바람이 머리칼을 휘날리는 태종대. 다누비 열차를 타고 가면서 신혼여행의 기억을 되살리려 애쓰는 조카딸들, 추억만 있지 흔적이 보이지 않는다고 그래서 더 재미있다고 웃음꽃을 피운다. 오금이 저려서 가까이 가지도 못하던 자살바위 자리에는 전망대가 자리하여 포토 존으로 주목받고 있다. 끄무레한 날씨에 부산어묵 한 컵씩 안겨주니 그 맛에 감탄한다. 주전자 섬에 등대는 언제 세워졌을까. 등대 때문에 오히려 주전자 모양이 일그러진 거 같다는 인식을 하는 나도 이곳에 와본 지가 하세월인가 보다.

영도등대가 있는 곳으로 가본다. 등대 안에 전망대가 있다고? 139개의 나선형 계단을 타고 전망대로 올라간다. 먼 거리는 안개구름 속에 잠겨서 보이지 않아도 발아래로 해안의 풍치가 선명하게 다가온다. 오른쪽으로 보이는 신선대 바위는 그 엉성한 분위기가 낯설다. 부석하게 힘을 잃은 모양으로 출입금지 줄이 쳐있다. 나 젊었을 적엔 반들반들하고 듬직하게 펼쳐진 저 위에 앉아서 간식을 먹기도 했었는데. 아 자연도 이렇게 세월을 타며 늙어가는구나.

태종대 초입부터 손짓하던 수국에 이끌리어 태종사로 향한다. 태종대의 수림 아래 저마다의 색깔로 탐스럽게 피어있는 수국들, 환상적이다. 시샘이나 하듯 수국들의 자태를 덮어버리려 내려앉는 짙은 안개. 심술부리지 말라며 안개를 몰아내려는 바람의 실랑이가 계속된다. 안개도 바람도 안중에 없는 여행객들은 그저 함박웃음이다. 주제 파악이란 단어를 잊은 듯 너나없이 수국과 어우러지는 포즈들을 취하느라 시간 가는 줄 모른다. 여섯 명이나 되는 여인들의 표정을 담아주느라 조카 혼자서 분망하다. 배꼽시계 덕분에 수국처럼 탐스러운 웃음을 남기고 발길을 뗀다.

롤러코스터를 타는 것 같은 아찔한 기분으로 드높은 부산항대교를 타고 해운대로 향한다. 오금 저리는 기분이 채 가시지도 않았는데 차는 광안대교를 오르고 있다. 해운대 미포에서 해변열차를 탄다. 송림 사이로 펼쳐지는 시원한 바다와 파도, 점점이 떠있는 듯 항해하는 함선들. 날 좋을 때엔 대마도까지 보이는, 가없이 펼쳐진 수평선을 바라보며 나름대로 사색에 잠기는데 어느새 종착지인 송정역이라는 방송이 뜬다.

옛 모습 그대로인 송정역사와 자투리로 남아있는 철로는 여행객에게 포토 존이 된다. 젊은이들 틈에 끼어 시베리아 횡단 열차 철로에서 취했던 포즈를 이곳에서 재연하는 기분도 꽤나 짜릿하다. 송정 해수욕장에서 서핑을 즐기는 서퍼들의 열기를 보는 것도 이제는 낯설지 않다. 그나저나 바닷가에 왔는데 이대로 떠나기는 섭섭하지 않은가. "고모" 하며 다가오는 막내 조카딸의 의중? "그래, 들어가자!" 둘이서 신발을 벗고 모래사장으로 들어선다. 철썩거리는 파도 따라 자동적으로 환호가 터진다. 카메라맨이 된 조카는 연신 셔터를 누른다.

부산에서도 가장 높다는 그 빌딩이 오늘의 숙소다. 숙소로 들어가는데 골목 바람이, 아 이런 것을 벤투리 효과라 하는 것인가. 아니 벤투리 타격이라 해야 할 것 같다. 몸이 날아갈 것 같은 세찬 바람에 밀려서 68층으로 오른다. 고소공포증이 없는 편이지만 그 아찔함에 창가에 가기가 무섭다. 그러나 그 멋진 뷰를 포기할 수도 없다. 해운대 바다와 광안대교, 이기대와 오륙도까지, 오락가락하는 안개에 따라 보였다 사라졌다 하는 경관을 숨죽여 관망한다. 수

선스런 시간이 지나고 널찍한 거실에 둘러앉아 여행담과 웃음보따리가 쏟아진다. 여분의 젓가락을 얻기 위하여 '물도 젓가락으로 먹을 거'라고 넉살을 부렸다는 조카 때문에 다시 웃음바다가 된다.

'때때로 여행'의 즐거움은 어머니 덕분이라고 되뇌는 조카들의 목소리에는 그만큼의 그리움을 담고 있다. '해운대 엘레지'를 구성지게 부르던 올케의 노랫소리가 듣고 싶다.

◇ 전업轉業

김지숙

2012년 《수필과비평》 등단
03friend@hanmail.net

전업轉業

배우고 익히는 것에 대한 자신감이 있었고, 머리보다는 노력으로 될 수 있다는 생각으로 살아왔다. 하지만 젊은이들 속에서 함께 하려니 참 한심한 지경이다.

인문학을 공부할 때는 이해하며 앞으로 나아갔다면, 지금의 상황은 한 걸음 나아가는 게 숨이 차다. 앞서는 것은 고사하고 진도에 맞추려면 염치없어도 한 번 더 설명을 들어야 하고, 옆자리 젊은이의 입을 빌려야만 한다. 다행히 자리 운이 있어서 젊은 친구들의 도움을 많이 받고 있다.

새로운 일을 찾고, 그 일을 잘할 수 있는 역량을 갖춘다는 게 얼마나 힘든 일임을 알게 되었다. 가족들은 좋아하고 잘할 수 있는 일을 하라지만, 이젠 다양한 아이들을 만나 학습 태도와 학습 방법을 가르치기보다, 한자리에서 묵묵히 내 할 일만 할 수 있는 일이 필요하다는 생각으로 뛰어들었다. 하지만, 쉽지 않다. 나이의 장벽을 넘어야 하고, 노안을 위해 안경으로 초점을 맞추고, 기억력을 위해 자주 교재를 읽고 있다.

잘할 수 있을까? 나에게 되묻지만 결코 가볍게 생각할 문제가 아니라는 걸 알기에 매일 같이 자신에게 '희망 고문'을 하면서도 나는 결코 포기할 수 없다. 아무것도 하지 않는 것보다 느리더라도 열심히 하면서 새로운 일에 도전하는 것이다. 더디더라도 꾸준히 최선을 다하면 목표하는 바를 이루어서 성실한 직장인이 될 수 있다는 확신이 있기 때문이다. 왜냐하면 나는 지금까지 성실했기 때문이다.

선생으로 지낼 때는, 학생들이 입을 다물고 듣고만 있으면 기운이 빠졌다. 하지만 적극적으로 수업에 참여하며 대답하고 질문했던 학생들과는 한 시간 반이라는 시간이 훌쩍 지나갔다. 그런 학생들 덕에 오랜 기간 가르치는 보람을 느끼며 지내왔다. 이제는 내가 학생 신분이 되었으니 잘하지는 못해도 착실한 학생으로 기억되고 싶다. 해서 후자의 학생이 되기로 했다. 이런저런 생각으로 염려하면서 맞든 틀리든 열심히 수강하는 중이다. 틀리면서 익히는 게 공부다. 다행히 유머러스하게 진행하는 선생님 덕에 딱딱한 수업 시간이 눈 깜짝할 사이에 지나감에 감사하다.

'나이가 들수록 지갑은 열고 입을 닫으라.' 했다. 주말에 마트에 가면 과자 판매대를 기웃거린다. 동기들의 즐거워하는 모습을 떠올리며 마음이 흐뭇해진다. 동기들에게 몇 가지라도 맛난 걸 챙김을 잊지 않고 있으니 한 가지는 실행하는 셈이다. 미취업자인 수강생들이 많아서 간식비 거출 얘기 꺼내지 않고 준비해 갔는데, 동기부여가 됐는지 다른 학생들도 간식을 준비해 온다. 새로운 간식들을 맛볼 수 있게 되었다. "젊은 간식 맛보게 되니 참 좋네요."라는 말로 감사의 뜻을 표한다.

 수업을 받으면서 체력의 한계를 체감 중이다. 종일 앉아 있으니 몸이 여기저기 굳어지는 느낌이다. 하여 새벽 수영은 짧게라도 해야만 한다. 늦은 저녁때 귀가해서 잠깐만 자야지 하고 침대에 누웠다가 나도 모르게 울리는 알람을 끄고는, 다음 날 새벽이 되면 마음이 '쿵' 소리를 낸다. 가끔은 잠을 깊이 자지 못하고 악몽을 꾸기도 한다. 이리되면 그 주간의 시험은 제대로 볼 수 없게 된다. 시험이라는 관문이 어깨를 짓누른다. 반면에 건강이 상할까 봐 점점 두렵기도 하다. 몸은 여기저기서 계속 신호를 보낸다. 쉬어가면서 하라고….

 이 중년이 귀찮지도 않은지 함께 중급반으로 올라가서 공부를 같이하자고 권하는 젊은이가 있다. 참 고마운 마음이다. 아직 며칠 시간이 있으니 좀 더 생각해 보련다. 일주일 후면 열아홉 명의 동기를 만날 수 없다는 생각에 마음이 시려온다. 한 명 한 명 모두 이쁜 사람들, 어찌 모난 이 없이 이리 한자리에 모였는지 모른다. 멀면 멀고 가깝다면 가까운 거리에서 401호라는 이름의 작은 교실에 모여 두 달도 채우지 못한 시간이었지만 의미 있게 남겨지길 바란다.

 복습해야 하는 공부가 산더미인데 이렇게 글을 쓰고 있다. 그래도 이 시간만큼은 답답했던 마음이 후련해지는 듯하다. 나도 어쩔 수 없는 수필가인가 보다.

◇ 견디지 않아도 괜찮아

라성자

2007년 《수필과비평》 등단
수필집 『그냥 표류하다』

견디지 않아도 괜찮아

 밤낮을 엎드린 자세로 견디자니 하루가 열흘 같다. 마라토너는 반환점에서 다시 힘을 낸다고 한다. 내가 뛰고 있는 느린 레이스는 반환점도 보이지 않는다.
 왼쪽 눈 망막박리 수술을 받고 입원에서 풀려날 때 의사는 판사가 죄인에게 선고하듯 육십 날을 밤낮으로 엎드려 지내야 한다고 중형을 내렸다. 환자에 따라 시일의 격차가 있으나 내 경우는 최고의 형량이었다. 수술한 눈에 '까스'라는 약물을 투입하고 자연스럽게 소멸되기까지 기다리는 기간이 육십 날이었다. 구백 냥의 가치를 소홀히 한 책임으론 너무 가혹한 벌칙이다.
 밖으로 치닫는 충동을 오지항아리에 김칫돌 짓눌러 놓듯 억지 춘향 우격다짐으로 눌러놓았다. 머리를 들 수 없고 천장을 쳐다보는 자세로 잠을 잘 수 없는 고행의 시작이었다. 얼마나 겸손해야 하며 두려워해야 한 생의 징검다리를 건널 수 있는지, 내 삶의 공식 사이에 이렇게 어처구니없는 블랙홀이 숨어있는 줄 몰랐다. 어디로 튕겨 나갈 수도 없는 삶의 사이클. 그것은 가히 위협이 아니던가.
 수술받은 왼쪽 눈을 봉합하기 위함이라지만 오른쪽은 웬 고생인

가. 깜깜한 바다에 한 잎 잎사귀로 표류하는 절박한 처지에 부딪히면서 구백 냥의 소중함을 아무렇지 않게 흘려버린 경솔한 행동에 후회가 겹친다.

정지된 시간 속에 갇힌 생각들이 과거와 현재를 넘나들며 영혼을 들볶는다. 자신을 훈련하고 경직한다는 의미에 무게를 두고 내 안을 성찰하는 기회를 노려보지만 생각이란 놈의 횡포가 맹랑하다. 보잘것없는 생각의 산물이거나 불량 제품일 가망성이 많은 것들이 마구 머릿속을 휘젓고 무위무심의 작은 수행도 힘들게 한다.

박완서 작가는 '고통은 극복하는 것이 아니고 그냥 견디는 것이다.'라며 견디는 자세가 인생의 자세라고 했다. 사유로 다져진 고요함이 몸에 배어있는 것도 아니고 날것의 의식에서 밖으로의 생활에 단련된 영혼은 선뜻 받아들이기 어렵다. 적막하고 답답하게 우리 안의 짐승처럼 웅크리고 있는 내 처지가 불쌍하기도 하고 서럽기도 했다. 세상은 저만치서 손짓하는데 물길 저어 닿을 수 없는 작은 섬에 유배된 신세다. 남은 세월에 대한 불안은 이대로 용도 폐기될 수도 있겠다는 생각으로 나를 더욱 초조하게 했다.

'견디지 않아도 괜찮아.' 힘들 때마다 나를 다독였다. 그날 병원 대기실에서 만난 눈먼 소년을 생각하면 이까짓 고통은 아무것도 아니다. 장래가 창창한 소년의 앞을 막아서는 신의 잔인함에 분노하면서 마음 아팠던 기억은 두고두고 가슴 저릿하다.

우울증이 찾아와 문을 두들기던 때가 있었다. 생면부지의 불청객은 야금야금 내 안으로 들어와 똬리를 틀었다. 무관심 무저항으로 내버려두면 사기만 높여주는 꼴이 되겠다 싶어 정신과 상담을 받았다.

처방전에는 웃고 즐기는 운동을 하라는 조언이 포함돼 있었다. 흥겨운 분위기에서 즐기는 스포츠 댄스나 노래 교실은 무뚝뚝한 내 성격엔 언감생심이었다. 그때 고른 배드민턴 운동이 훗날 화근을 불러올 줄은 당시 알 리가 없었다. 혼자 하는 운동은 싫증이 나서 지속할 수 없고 승부가 있는 게임은 스릴이 있지만 위험도 따른다. 우울증의 저주였던가. 왼쪽 눈에 셔틀콕을 맞아 망막 손상 상태가 심각해 원정 치료를 받아야 했다. 운수가 나쁜 그날 하루를 피했더라면 불행은 막을 수 있었을지 모른다. 운이란 항상 내 편만 들어주는 게 아니었다.

고개 숙인 수행의 육십 일이 지나고 다시 빛을 찾으니 새로 태어난 것처럼 온 세상이 경이로웠다. 서점에서 책을 고르다 눈에 들어온 글귀가 마음에 들었다. '오늘은 내 남은 생의 첫날입니다.' 삶이 힘들 때 원동력이 되는 말, 고통을 이겨내는 희망의 메시지, 내 마음에 큰 울림으로 다가오는 위로, '첫날'이라는 말에는 기쁨을 주는 생명성과 긍정적인 뜻이 담겨있다.

천지가 초록으로 휘청거린다.

◇ 목욕탕 가는 길
◇ 사진 한 장

변순자

2006년 《수필과비평》 등단
제9회 부산수필문학상
수필집 『우두커니 쳐다본다』
ja216805@hanmail.net

목욕탕 가는 길

또각또각 앞선 여인의 발걸음이 경쾌하다. 큰 보폭이 힘차다. 언제부터인가 여인들의 발걸음에 힘이 많이 실린 것을 읽을 수 있다. 한갓진 길에 들어 읽을거리를 찾던 뇌는 자연스럽게 여인을 의식한다. 잰걸음으로 뒤따른다. 헐레벌떡 정신없이 걷다가 포기한다. 그녀가 모퉁이를 돌아 시야에서 사라져 버렸기 때문이다.

이 길의 S자 모퉁이에 잡아먹힌 사람이 한둘이 아니다. 모퉁이를 돌아 사라진 여인을 대상으로 한 상상은 멈춘다. 분주히 다른 대상을 찾는다. 누가 빨리 걷는지 내기를 한 것도 아닌데 한적한 길에서 앞서 걷는 사람을 추월하고 싶은 것은 운전대를 잡으면 앞차를 추월하고 싶은 것과 같은 본능적인 것이다. 하지만 아무리 빠른 걸음의 상대라도 일단 눈앞에서 사라지면 잰걸음도, 가쁜 호흡도 제자리로 돌아온다. 목욕탕 가는 길이 불과 오백 미터 남짓이지만 이 길을 힐링의 길이라고 나름 이름을 붙인다.

그때, 이곳은 바다였다. 살고 있는 집터도 바다였다. 언덕 위에서 내려다보니 한창 기초 공사 중이었다. 갯바위가 듬성듬성 삐쳐 나온 매립지에 파일을 꽂고 있었다. 쿵쿵 해머를 내리칠 때마다 굵은 주삿바늘이 팔뚝을 파고드는 통증이 있었다. 파일은 바위의 저항을 이기지 못하고 제풀에 널브러지곤 했다. 잔물결이 갯바위를 찰방이며 희롱하는 한낮이면 학교를 파한 아이들의 놀이터가 되었다. 따개비처럼 갯바위에 다닥다닥 웅크리고 앉은 동네 아이들이 집게발을 곤추세운 게를 잡고 희희낙락 즐거워하던 곳이다. 새삼 이 길이 바다였던 것을 떠올리자 문득 시간과 공간을 초월한 사차원 사잇길을 걷고 있는 것은 아닐까 싶어진다. 크리스토퍼 놀란 감독의 영화 〈인터스텔라〉를 본 후부터다. 다른 차원에서 건너온 내가 이 생의 내게 전해주는 낌새를 알아채고자 한동안 귀를 쫑긋 세우거나 눈동자를 굴려볼 때가 더러 있었다.

　은행잎이 쌓인 길을 걷는다. 비단처럼 부드럽다. 암은행나무가 서 있는 곳에는 발에 짓이겨진 열매들이 널브러져 있다. 통행인이 많지 않은 길이라 그나마 다행이다. 복잡한 길이라면 쉼 없는 민원이 꼬리를 물고 나왔을 것이다. 깨금발로 가려 걷고, 징검다리 건너듯 겅중겅중 걷는데 재미가 난다. 냄새도 고약하게 여기면 고약하겠지만 우리 몸 깊숙이 쟁여 있는 냄새와 별반 다르지 않은가. 오히려 리듬을 타고 작두가 썰어내는 싱그러운 풀 냄새이며, 두엄 냄새이며, 이월 언제쯤에 들판에 뿌려놓은 인분 냄새처럼 정겹기도 하다.

　도돌이표만 그려진 악보 같은 길이다. 사계절의 변화를 이 길에서 분명하게 느낀다. 언덕 위 기존의 아파트를 떠받치고 있는 축대에서 계절의 순환을 보여주는 파노라마를 보게 된다. 축대의 돌덩이를 비집고 기어 다니는 등나무의 연보라 꽃, 자귀나무 꽃. 한여름엔 길손인 바람을 맞이하는 칡꽃, 가을에는 고운 단풍이 아름답다. 나목 사이로 비둘기의 핏빛처럼 영롱한 산수유 열매가 가까이 다가온다.

은행잎 진 길은 신발을 벗어던진 채 걷고 싶을 정도로 부드러운 감촉을 느낀다. 무딘 발이라고 치부해 버린 발이 그 정도는 느낄 수 있다고 삐친 듯 이죽거리는 소리가 들린다.

아이를 업고 그 길을 따라 걸었다. 광화문에서 내려 정동 길을 따라 덕수궁 돌담길을 돌아 나왔을 때 우수수 노란 은행잎이 무더기로 떨어졌다. 하늘에서 황금이 쏟아진다고 혼잣말을 한 것 같다. 남편의 직장이 서소문 입구에 있었다. 그곳은 모 방송국도 있는 빌딩 거리였다. 그 무렵 의기소침하여 생기를 잃고 있는 아내에게 저녁을 사겠다는 제안으로 그 빌딩 거리로 초대를 한 것이다. 오랜만의 시내 외출을 반기는 듯 은행잎이 머리 위에 내려앉았다.

사는 일이 무척 고단하게 여겨질 때였다. 그녀가 저만치에서 키만큼 큰 악기를 등에 지고 걸어왔다. 고개를 외로 꼰 채 악기가 등을 떠밀듯 억지로 밀려서 가는 그녀의 작은 체구가 가련해 보였다. 터벅터벅 고개를 숙인 채 내 곁을 스쳐 지나갔다. 뚫어져라 바라보며 그녀와 눈 맞춤을 하고 싶었다. 그녀의 눈을 보며 생의 기력을 얻고 싶었는데 그녀는 발끝에서 눈길을 떼지 않았다.

나는 그녀를 좋아했다. 맑고 고운 그녀의 목소리가 좋았다. 미성의 노래를 듣고 있으면 또르르 영롱한 이슬방울들이 굴러 나오는 듯싶었다. 힘든 현실에 부딪혀도 스러졌다가 다시 일어서는 파도 같은 그녀를 좋아했다. 또래여서 더 좋았다. 그때의 그녀를 이맘때면 이 길에서 떠올린다. 아파트 담장을 따라 선 은행나무가 노란 잎을 흩뿌릴 때쯤이다. 그녀가 키가 큰 악기를 짊어지고 지친 발걸음으로 내 곁을 스쳐 지나갔고, 말없이 돌아서서 그녀가 사라지는 뒷모습을 지켜보았듯이 지금도 뒤돌아서서 걸어왔던 길을 돌아본다. 뒤돌아보기에 참 좋은 계절이다.

 이처럼 불과 십여 분의 거리를 걸으면서 즐겁다. 인적이 드문 곳이지만 안면이 있다고 스쳐 지나며 미소를 나눌 기회가 주어져 좋다. 몇 년의 겨울을 무사히 보내고 봄이면 다시 모습을 드러내는 낯익은 홈리스의 사내와 그의 개, 먼저 봄소식을 가져다주는 산수유, 보랏빛 꽃 등잔불 주저리 매달고 오월을 맞아들이며 신방을 꾸미는 등꽃, 이어서 칡꽃의 향기.

 목욕탕 가는 길은 힐링의 길이고, 사색의 길이다.

사진 한 장

자, 찍습니다. 하나 둘 셋. 사진 찍는다는 것을 어렴풋이 알고 벌떡 일어났다. 옆에서 깊은 잠에 빠져 있던 동생들을 두드려 깨웠다. "애들아 일어나. 사진 찍고 있어." 하며 흔드니까 모두 번개같이 일어나 앉는다.

방문을 열고 살피니 이리저리 구도를 잡는 중이다. 더 살필 겨를도 없이 "우리도 가서 찍자." 동생들을 부추겨 내의 바람으로 뛰쳐나갔다. 졸업을 앞둔 언니 오빠들이 줄을 지어 뒤에 섰고, 앞줄은 선생님들이 쭉 의자에 앉아 있다. 깡똥한 내의 바람에 자다 일어난 우리 남매들은 그 앞에 우르르 주저앉았다. 그 사이 이웃집 아이들도 여남은 명 몰려와 같이 희희낙락 앉았다. '마산고등공민학교' 졸업생들이 환한 불빛 아래 졸업 사진을 찍을 때였다.

돌 사진은커녕 초·중학 무렵의 사진도 거의 없다. 까만 보자기를 둘러쓴 사진관 사진사의 사진에 찍힌 것이 사촌과 오촌 아재가 군 휴가 나왔을 때 따라가 찍은 것이다. 친척 집 잔칫날 어른들 앞에 앉았다 재수 좋게 찍혔던 사진 한 장. 먼 세월이 흐른 뒤 보게 됐을 때 "이게 나야? 나라고?" 호기롭게 되물으며 저장된 기억을 풀었던 일이 남아 있을 뿐이다. 참깨같이 박혀있는 얼굴들 속에 숨어 있던 초등학교 졸업식의 내 얼굴을 다시 한번 볼 수 있으면 좋겠다. 혼란이 산재했던 그 시절도 거쳐야 할 과정이었고 잘 견뎠으므로 되돌아가 보고 싶다.

　마산고등공민학교는 중학교 과정의 전 과목을 가르치는 야학이었다. 정식 인가를 받지 못한 야학이긴 했지만 시내 중·고등학교 교과목 선생님들이 저녁에 오셔서 수고를 해주셨기에 배고픔과 배움에 굶주린 청소년들로 교실마다 꽉 찼었다. 적산가옥인 2층 건물의 일 층 홀 한 칸 방에 우리가 살았고 일 학년 교실 흑판은 방 유리 창문 위에 걸려 있었다. 주의를 환기시키려는 선생님의 분필 톡톡 치는 소리에 어린 동생이 잠이 깨어 울면 바깥에서 와아, 하는 웃음소리가 있었다. 2층의 다다미방 세 개는 2학년, 3학년 교실과 교무실로 쓰는 구조였다. 허기진 배를 안고 스스로 배우려고 모여든 학생들이니 그 수업 열기가 어떠했을까.

　그때 초등학교에 갓 들어간 나는 동냥귀로 벌써 중학 과정의 선행 학습을 병행한 셈이다. 풍금에 맞춰 중학 과정의 노래를 방 안에서 익혔고, 각기 다른 교과목 선생님 수업을 두 귀로 두루 섭렵했겠다. 언니 오빠들의 졸업식 사진에 나도 당연히 끼어야 한다 여겼다.

　그렇게 찍은 사진이 바다 건너 미국까지 갈 줄은 상상도 못 한 일이다. 1950년대 말 동란 후의 빈곤 속에 넝마 줍고, 신문 팔고, 구두를 닦던 청소년들을 깨우쳐 주기 위해 설립한 야학이라 재정이 부족했다. 설립자는 미국의 독지가에게 대한의 건아로 자리매김할 교육이 절실하니 여러 후원자의 후원을 부탁한 모양이다. 그러면서 졸업 사진도 빠뜨리지 않았다 한다.

어느 날 아버지가 시골 할머니를 뵈러 가자 했다. 아예 시골 할머니 집에서 살겠다며 마산 가기를 거부하여 몇 번이나 난리를 친 나는 휴일도 아닌데 무슨 일인가 의아하면서 따라갔다. 어떤 낌새도 없었다. 버스에서 내려 신작로를 폴짝폴짝 뛰어가 할머니 품에 안겼다. 잠시 후 방 안으로 들어 간 두 분이 무슨 얘기를 나누는 듯했다. 그런데 느닷없이 진양 강씨 내 할머니의 서슬 푸른 노한 소리가 온 동네를 뒤흔들었다. 호랑이의 포효가 저리 우렁우렁할까. 한 집안의 종부로 기걸이 대단하셨던 할머니는 아들을 호되게 나무라셨다. "네 이놈! 지 자식을 어째? 어미 애비 두 눈 퍼렇게 뜨고 자야를 어디로 보낸다고." 하셨다.

내가 알지 못했던 나의 미국 입양 사건이다. 사진을 돌리며 후원 활동을 하는 중에 앞줄에 오똑하니 앉아 있는 눈빛이 영롱한 어린 아이들은 누구냐고, 고아냐고, 그중 나를 가리키며 애를 입양해서 키우고 싶으니 방법을 찾아 달라고 했단다. 재력도 있고, 내외가 믿음이 깊고 좋은 분들이라는 전언이 빠지지 않았을 터이다. 아이가 온다면 원껏 공부시키고 곱게 키울 거라 했을 것이다. 부모님은 아이 장래를 생각해서 보내는 쪽으로 오랫동안 고뇌하며 준비도 하셨던 것 같다. 출국일이 다가오자 할머니 바라기인 나를 그냥 보낼 수 없어 시골로 데려가 자초지종을 말씀드린 것이다.

할머니의 추상같은 노여움 때문에 나는 결국 미국행 비행기를 타지 못했다. 이후 아무도 그 일을 입 밖으로 흘리지 않았다. 하지만 나는 사람이 사는 길엔 쉽게 예단할 수 없는 많은 선택지가 펼쳐진 것을 알게 됐다. 어렸지만 전지적으로 운명을 개척할 총명이 있었다면 용기 내어 가겠다고 스스로 나섰을까. 뿌리가 다 잘려나간 입양아의 기사가 자주 또는 간간히 지면에 나타나면 나의 이야기가 되어 가슴이 쓰려온다.

사변으로 인하여 외국 입양이 공공연하던 우리의 처사는 먹고 살 만해진 지금도 이러저러하여 많이 보내지는 모양이다. 지금 뿌리를 찾으려고 세계 곳곳에서 어렵게 발걸음 하는 입양아들의 사연은 안타깝기 짝이 없다.

입양 당시 사진 한 장만 딸랑 들고 있는…….

◇ 2박 3일
◇ 거품

송 숙

2009년 《수필과비평》 등단
수필집 『서울 남자』
shs7274@hanmail.net

2박 3일

손녀가 생겼다. 딸은 서른하나. 나는 올해 예순이다. 세상의 불빛을 맞이한 지가 사 개월 된 딸의 딸. 살이 오르고 있는 중이며 고개를 가누는 중이다.

손녀의 엄마한테서 전화가 왔다. 남편이랑 여행 계획을 세웠는데 자기 딸을 돌봐 달라고 한다. 참으로 기가 찼다. 세상이 바뀌었구나 싶었다. 우리 때는 방금 백일 지난 아이를 두고 여행을 간다는 걸 상상도 하지 못한 일이다.

나도 여행을 가듯 칫솔을 챙기고 분주하게 이것저것을 가방에 쑤셔 넣었다. 걱정이 가방을 따라 들어갔다. 딸과 사위가 공항으로 신이 나서 가는 날. 2박 3일 손녀와의 여행이 시작되었다. 나는 과거의 내가 되었다. 내 아이를 키울 때의 모습으로 무장되었다. 딸내미가 일러 주고 간 육아법은 디지털이고 과거의 내 육아법은 아날로그이다. 분유 타는 온도는 항상 보온으로 되어 있고 젖병 소독기는 기계가 알아서 해주고 노란 변을 봤을 때 씻기는 수도꼭지는 천장으로 보고 있어서 편리하게 처리할 수도 있다. 일회용 기저귀는 몇 번 정도 오줌을 싸도 뽀송할 정도로 기술이 발전되었다. 밤에는 빗소리를 유튜브로 켜 놓으면 5분이 지나면 티브 화면은 꺼지지만 소리는 그대로 들린다. 수면을 위한 방법이란다.

딸의 딸은 순했다. 이제 막 옹알이도 하고 뒤집기를 하려고 온몸을 비틀기도 한다. 나는 할매일 수밖에 없다. 나도 옹알이를 하고 함께 웃고 혼잣말을 쉼 없이 손녀에게 하고 있으니 내게 가는 바람을 살살 불어 넣고 있다.

평평한 땅에 평범한 일상으로 나를 반추한다. 평범한 할머니의 2박 3일이 얼마나 아름다운가. 가을 부채가 아닌 여름의 부채가 되어 손녀 옆에 있으니 딸아이의 여름은 얼마나 신이 나 있을까. 지청구를 듣지 않으려고 나의 2박 3일은 온 힘을 다했다. 내 딸을 돌볼 때보다 딸의 딸을 돌보는 일은 기쁨 반 피로 반이다. 아마도 이 세상 할머니들은 고개를 끄덕일 것이다.

딸과 사위는 맛집 투어 여행을 주로 했다고 한다. 용돈과 함께 선물을 내민다. 내 손녀 돌봤는데 뭔 돈이냐며 거절했다가 다시 받았다. 생각하니 받는 게 맞는 것 같기도 하다. 노심초사 온 신경이 너의 딸로 인해 얼마나 애를 썼는가. 이건 보상이 아니라 할머니가 된 위로금이다.

집에 돌아온 날 잠이 푹 들었다. 손녀는 기쁨만 준 게 아니라 긴장을 안겨 주었던 게다. 며칠 후 딸에게 톡을 했다. 지금 이린이 자고 있겠네? 난 이제 손녀 이린이에 대해 제법 알게 되었다. 언제쯤 분유를 먹고 잠은 몇 시간 간격으로 자고 일어나는지. 손주는 보면 반갑고 가면 더 반갑다는 우스갯소리가 있다. 나도 손녀가 매일 보고 싶다. 몇 시간 보고 나면 집에 가고 싶다. 틀린 말이 아니다.

 딸은 꽃을 한창 피우고 있다. 예전에 나처럼. 선물이 되어준 내 딸처럼. 딸의 딸이 이제 선물이 되어 택배로 왔다.

 2박 3일 함께한 선물은 하늘 아래 커다란 선물이었다. 나의 과거를 소환해 주었고, 내 생애 젊은 날이었다.

거품

 맥주잔 넘칠 듯 말 듯 하얀 거품이 이쁘다. 거품 없는 맥주는 맥주 같지가 않다. 해가 바뀔 때마다 거품 들어간 다짐이 금세 또 다른 거품이 되는 것처럼, 맥주 거품도 처음부터 없었던 것처럼 삼켜 버린다.
 내 삶은 진솔했다. 그래서 오해도 있었고 친구랑 삐거덕거리기도 했다. 진솔하다고 소주처럼 맑은 것도 아니다. 그래서 외로웠다. 그리고 느렸다. 어느 하루가 담뱃재같이 우중충하다는 생각이 가끔 들 때가 있다. 이런 날에는 소주를 마시거나 생맥주 한 잔을 마시기 위해 동네 어귀에서 감자튀김과 케찹 종지를 두고 앉는다.
 생각은 변하지 않는다. 마음 졸이지 않고 살아갈 수 있을까. 남은 인생에 무엇이 기다리고 있을까. 살면서 삼켜야 하는 거품은 얼마나 많을까. 모닝커피를 내리며 작은 기다림에도 조바심이 생긴다. 이럴 땐 실종된 나를 본다. 나이가 들수록 젊은 시절보다 시간의 원금에 여백이 있어야 한다.
 욕망 대신 의미를 채우며 이젠 서 있기보다는 엎드려 있는 것이 속이 편하다. 누룽지같이 구수한 나이가 되어 가고 있다. 계획 없는 구수한 삶은 자연적인 계절 같은 것이다. 주변을 즐길 줄 알아야 한다. 흔들리며 피는 꽃이 아니라 질 것을 염려하며 오늘만 이쁘게 피어 있으면 오늘은 아름답다. 사랑과 선행이라는 꽃이 아름다운 거품으로 세상에 달려 있기를, 그래서 눈부시기를, 꽃은 침묵하며 우리에게 나무의 거품을 피워 올린다.

나는 늘 없는 것만 생각했다. 이미 가진 것을 생각하지 못한 적이 많았다. 그래서 마음 졸이며 살았다. 어쩌면 걷어 내어야 할 거품이 가진 것보다 더 많았는지도 모른다. 긴가민가한 마음으로 바퀴를 자꾸 돌리며 채무자로 살았다. 내가 돌아오는 게 더 나았다. 거품이 꼭 나쁜 것만은 아니다. 다시는 이제는 외로워지지 말아야 한다.

얼굴에 팔자 주름이 생겼다. 팔뚝에 검버섯이라는 점이 몇 개 보인다. 인터넷 쇼핑으로 검색을 한다. '검버섯 없애는 크림'. 구매하기를 눌렀다. 이게 인생인 거지. 불편한 쇼핑, 불편하지 않는 욕심, 거품 있는 희망. 깨닫지 못하는 2퍼센트. 이리 청춘을 그리워하며 산다.

두 아이가 각자의 삶을 챙겨 가정을 이루고 그동안 빌려 썼던 나의 품속과 이별했다. 감정적 독립이기에 따듯한 기억만 간직하고 진짜 이별이라 생각해야 한다. 미련을 둘수록 관심이 거품이 되고 상처가 될 수 있을 테니 남은 내 인생만 생각하기로 한다.

조금씩 희미하게 늙어간다. 약간만, 아주 약간만 슬퍼하자. 신의 눈동자 안에 거품 걷고 있어 보자. 나에게 거는 기대는 이번 생애는 틀렸다. 거품 삭은 맥주 말고 거품 없는 소주가 차라리 되기로 한다.
 짜릿하게 타는 소주처럼 생의 줄을 타는 중이다.

◇ 멍 때리기

신서영

2005년 《수필과비평》 등단
수필집 『전생에 나는 수라간 상궁이었을라』, 『아직은 꽃』
ssj1933@daum.net

멍 때리기

　우거진 숲은 그늘이 깊다. 산등성이를 타고 오르느라 거친 숨소리가 목까지 차오른다. 그늘에 들어서니 비로소 맥박이 안정을 찾는다. 이마를 타고 흐르던 땀과 열기가 식으면서 등골은 서늘한 기운까지 감돈다.
　산길 들머리에 무리 지어 핀 철쭉과 황매화도 꽃 진 가지마다 짙푸르게 물이 올랐다. 싱그럽고 풋풋한 숲 냄새가 온몸으로 스며들어 내 안에서 녹색 물결이 일렁거린다. 등산화에 달라붙은 흙을 털어내듯, 삶에 찌든 내 일상도 훌훌 날려 보낸다. 진록으로 짙어가는 숲은 멍하게 앉아만 있어도 머리와 눈이 맑아지고 몸이 날아갈 듯 개운하다.
　계절의 여왕이라는 오월은 찔레와 아카시아 꽃의 향기에 어질하기도 했다. 그뿐만이 아니다. 까치와 까마귀는 새끼에게 비상하는 법을 가르치는지 온 산이 그들의 아지트처럼 시끄러웠다. 지금은 한차례 비가 내리고, 매미도 우화羽化를 기다리는 먹먹한 초여름 말이다. 생명 가진 것들을 침묵으로 보듬어 주고, 훌렁 벗어놓고 빠져나간 나약한 허물도 고이 감싸 주는 숲이다.

요즘은 멍 때리기가 유행이다. 너나없이 그 말을 입에 달고 산다. 그 단어 자체가 가진 의미가 모호하다. 국내는 물론 국제대회까지 한다고 광고를 해댄다. 그늘도 없는 한강 변에 몇백 명이 무더기로 앉아 있는 모습이 낯설었다. 선방에서 화두를 찾아 정진하는 스님들의 동안거나 하안거도 아니고, 그냥 멍한 상태로 가장 오래 견디는 사람에게 상을 주는 것은 무엇이란 말인가. 그것도 혼자가 아니고 군중 속에서, 잡념을 차단하고 들썩이는 마음조차 비워낸다는 것은 쉬운 일이 아닐 것이다.

광화문 광장에서는 비가 내리는데도 우의까지 입고 잔디 위에 앉아 있는 모습은 안타깝고 서글픈 생각마저 들었다. 그러고 보니 저들이 말하는 멍 때리기는 명상이고, 침묵이란 말인가. 그만큼 세상살이가 각박하고 힘들어서 생겨난 삶의 한 방식이란 생각도 스친다. 건강한 삶을 영위하려는 욕망의 표출인지도 모르겠다.

얼마 전 우리 아파트에 큰불이 났다. 순식간에 검은 연기와 불기둥이 창문으로 치솟았다. 기세가 오른 화마는 건물을 통째로 집어삼킬 듯 십이 층에서 위로 훨훨 타고 올라갔다. 유리 파편이 바닥으로 떨어지고 창틀도 녹아내렸다.

소방차가 물대포를 쏘고 소방관들이 사투를 벌여도 불길은 쉽게 잡히질 않았다. 계단에는 물이 폭포수처럼 흘러내리고, 내뿜는 검은 연기에 한 치 앞도 보이질 않았다. 계단을 점령한 유독 가스는 숨쉬기조차 힘들어 우왕좌왕하는 주민들은 혼란스러웠다. 나는 때마침 밖에 있었지만, 집에 있던 남편은 큰불인지도 모르고 미처 대

피하지 못했다. 그러다 문밖으로 나올 수 있는 타임을 놓쳐 한동안 애간장을 태웠다. 화재를 진압하는 소방차와 구급차, 수십 명의 소방관과 불구경에 나선 사람들로 아파트 주변은 아수라장이었다. 설마 이 시간에 불난 집에 사람은 없을 테고, 누전이겠거니 걱정만 하고 있을 때였다.

그때 옆에서 누군가 쑥덕거리는 소리를 들었다. 주인장이 안방에서 불 멍을 때리다 에탄올을 잘못 취급하는 바람에 화로가 폭발했다는 것이다. 이게 무슨 날벼락 같은 소리야! 그 집 부부는 엘리베이터에서 만나면 살갑게 인사하는 이웃이었다. 그 순간 가슴이 철렁 내려앉았다. 오십 대의 가장이 하필 이 대낮에 안방에서 불 멍을 하고 있었단 말인가. 화염은 저녁 늦게서야 잡혔다. 한 가족이 오순도순 살았던 흔적을 홀랑 태우고 이웃에도 큰 피해를 입혔다. 그나마 다행인 것은 바람이 없어 불이 위로만 치솟아 같은 동이라도 다른 라인은 피해가 없었다. 우리 앞집은 창이 타고 거실에 화기가 들어 한동안 집에 들어가지도 못했다. 물 폭탄을 맞은 엘리베이터는 쉽게 고치질 못한단다.

사람 마음이란 참 얄궂다. 이십 층을 며칠 오르내리니 몸은 힘들고 부아가 치민다. 처음에는 피해가 심한 집을 생각하니 우리 집이 이만한 것도 다행이다 싶어 힘들어도 묵묵히 계단을 오르내렸다. 그래! 이참에 며칠 운동한다고 생각하자. 마음을 다잡았다. 그러나 어떤 선택의 여지도 없이 한 사람의 부주의로 인해 감당해야 하는 고통이 늘어날수록 반감이 생길 수밖에 없었다. 열흘이 지나서야 엘리베이터는 운행되었지만, 화마가 이렇게 무서운 줄은 직접 당해 보지 않으면 모를 일이었다.

어제가 오늘 같고, 오늘이 어제 같은 일상이 불안하다. 주거지가 아파트로 바뀌면서 골목은 사라지고 이웃도 멀어졌다. 이동 동선이 짧아져서 몸은 편해졌지만, 심리적으로는 너나없이 쫓기면서 살아가는 게 현대인의 실상이 아닌가. 이렇듯 험난하고 불확실한 삶에서 조금이나마 마음의 위안을 받고 싶었던 걸까. 화재 원인이 불멍이라고 하니 말이다. 오로라인 양 신비한 불빛에 빨려들어 이런저런 잡다한 생각들을 떨쳐내고 싶었는지도 모르겠다.

파란 하늘이 좋아 무작정 고층을 찾아들었다. 하지만 창가에서 아래를 내려다보면 오금이 저리는 천 길 낭떠러지다. 이웃 간에 소통은 점점 줄어들고, 온기가 없는 휴대전화 메시지는 수시로 울려댄다. 끊임없이 쏟아지는 사건 사고와 첨단 정보들도 짜증이 나고 혼란스럽기는 마찬가지다. 혼자 있어도 혼자 있는 것이 아니다. 제 스스로의 감옥에 갇혀있는 형국이다. 그렇다 보니 이 모든 굴레와 속박에서 헤어나길 바라는 심정으로 멍 때리기를 하는 게 아닌가 싶다. 침묵이 주는 쉼, 경쟁과 속도에 부대끼는 현대인이라면 여백이 있는 삶을 향유하고픈 욕망이 있었으리라.

그 일 이후, 가장 안전한 보금자리라 생각한 집마저 덜컥 겁이 난다. 엘리베이터가 운행되지 않으면 오도 가도 못하는 신세가 아닌가. 내 이름이 적힌 문패가 아닌 번호가 붙은 철문이 감옥 같다는 생각은 우연이었다. 게다가 비밀번호를 기억하지 못하면 이십 년을 넘게 드나들며 지문이 찍힌 집주인도 안면몰수 하니 말이다.

 도망치듯 수시로 집을 나선다. 아직 먼동이 트기 전, 시끄러움이 배어들지 않은 산속은 고요하다. 작고 여린 풀잎도 새벽이슬을 정화수처럼 경건하게 받들고 있다. 발걸음이 조심스럽다. 사방이 열대림 같은 숲속이다. 노송에 등을 기대고 하늘을 올려다본다. 마냥 편안하다. 이게 저들이 열광하는 진정한 멍 때리기인가.

◇ 오늘 하루는 당신 것입니다

안영순

2006년 《수필과비평》 등단
수필집 『강에게 고향을 묻다』
youngsun7574@hanmail.net

오늘 하루는 당신 것입니다

"오늘 하루는 당신 것입니다."

오전 8시 56분, 운전 중 라디오에서 흘러나온 한 마디가 심장을 고동치게 한다. '심쿵'했다는 요즘 애들 표현이 참으로 적절하기 그지없다.

"그래, 맞아. 오늘 하루는 내 것이었지."

하루가 내 것이라는 생각을 한 번도 하지 못하고 살아왔다. 세월에 떠밀려 삶이라는 노도에 넘어지지 않으려 버티기 바빴다. 오늘 하루가 오로지 내 것이라는 그 말에 정신이 번쩍 든다.

하늘이 뿌옇다. 미세먼지가 기승을 부릴지라도 창문을 열고 공기를 흠씬 들이켜 마신다. 하루가 자라 한 달이 되고 한 달이 자라면 일 년이 된다. 내 것인 오늘 하루를 어떻게 대하고 키우느냐에 따라 일생이 달라지기도 한다면 지나친 비약일까.

코로나가 오기 전 프라하 잘츠부르크로 음악 여행을 다녀왔다. 모차르트 생가, 바흐의 산책로, 멘델스존 작업실, 카라얀의 집. 위대한 음악적 업적을 이룬 이들의 자취를 쫓아다녔다. 그들 또한 그곳에서 하루하루를 진정 자기 자신을 위해 알차게 보냈을 것이다.

독일 남부 지방의 레겐스부르크는 히틀러가 나치 전당대회를 열었던 곳이다. 구시가지 전체가 유네스코 세계문화유산에 등재된 아름다운 도시지만 곳곳이 히틀러 사진이 걸려 있는 어두운 역사의 장소이기도 하다. 뒤틀린 영웅심에 젖어 수많은 사람들을 독가스로 살해한 장본인. 우수한 게르만 민족은 유대인과는 피를 섞지 않아야 한다는 이유로 끔찍한 만행을 저질렀다. 짧은 콧수염 때문인지 전범이라기보다 마치 광대처럼 보이는 이 폭군의 역사에 대해 독일인은 뉘우치며 반성한다. 수치스러운 역사지만 잊지 않겠다는 의지가 엿보인다. 진정 어린 사과는 용서를 불러올 수 있다.

가까운 일본은 어떤가. 아시아 대부분의 나라에 전쟁을 일으킨 국가다. 전쟁 중 중국 하얼빈에 731부대라는 생체 실험장을 만들었다. 삼천여 명이 마루타가 되었다고 한다. 살아있는 사람의 머리를 반으로 잘라 눈 코 혀 뇌가 어떻게 작용하는지 눌러보는 끔찍한 실험을 하고, 심지어 임산부도 실험 대상으로 삼았다. 그럼에도 사과는커녕 뉘우치는 기색마저 없다. 지금까지도 과거를 왜곡하며 인정하지 않으면서 과연 편안한 미래를 꿈꿀 수 있는지 나는 이해할 수가 없다.

프라하 에스타테 국립극장에서 돈 조반니 오페라를 관람했다. 우리처럼 외국인 관객들도 보였지만 대부분 현지 사람들로 거의가 노년층이다. 휠체어에 부인을 태우고 온 노신사도 보인다. 코트를 벗어 옷 보관소에 맡겨야만 입장이 가능하다고 했다. 두꺼운 코트가 공연장 내 소리를 흡수하기 때문이라는 걸 나중에 알게 되었다.

예술에 대한 치열한 열의가 느껴진다.

이층 지정석에 앉으니 공연장 전체가 한 눈에 들어온다. 신기한 것은 관객들의 머리색이다. 검정, 노랑, 빨강, 흰색, 회색 등으로 다채롭다. 옷 색깔 또한 천연색으로 알록달록 무지개처럼 아름답다. 우리나라 공연장에서는 머리색은 물론 옷까지 검정색이 가장 많은 것과 대조적이다. 서양에서는 검정색 옷은 장례식에서만 입는 것 같다.

1780년 모차르트가 작곡하여 초연했던 오페라는 현재 진행형이다. 예술을 항상 가까이 접하며 살고 있는 그들의 문화생활이 부럽다. 이백 년은 결코 짧지 않은 시간이다. 하지만 지나간 시간은 찰나와도 같다. 모차르트는 아직도 오늘을 살고 있는 셈이다.

오늘 하루는 돌아올 수 없는 강이다. 우리는 날마다 그 강을 건너간다. 돌아갈 나룻배는 애시당초 존재하지 않는다. 나이 든 사람에게는 그 하루만큼 늙어가는 일이기도 하다. 그러나 하루하루는 모두에게 공평하게 주어진다. "우리는 젊어 봤는데, 너희들은 늙어 봤니?" 열심히 쌓아온 우리의 하루들을 때로는 이런 말로 치하해보기도 한다.

비 그치니 매미 소리 요란하다. 칠 년을 기다려 이 주일을 산다는 매미의 울음이니 오죽할까. 바삐 지나가는 여름날 중에 그들이 묻는다. 당신은 오늘 하루 온전히 자신의 것으로 보내고 있느냐고.

◇ 은신처

안현숙

2008년 《수필과비평》 등단
수필집 『맹그로브 숲을 향하여』
a583579@hanmail.net

은신처

코로나 팬데믹으로 온 세상이 닫혀있던 시기에 여러 사람들로부터 들은 이야기 중에 은근히 획기적인 내용이 있었다. 밖에 나가지 못하고 집 안에만 틀어박혀 지냈는데 뜻밖에 자신에게 혼자서도 잘 지내는 내향성이 꽤 있더라는 것이다. 스스로의 재발견이라고나 할까?

세상과 전면적인 관계를 맺고 사는 것에 불편감과 불안감을 느끼는 사람들이 의외로 적지 않다. 정서적 내향성이 아닌 사회적 내향성이다. 온갖 소셜 네트워크가 난무하는 세상이다. 자신의 지극히 개인적인 삶이 온 세상에 그대로 노출되고 생존의 삶이 아닌 라이프 스타일이 여과 없이 공유되기도 하는 요즈음의 세대들, 소위 밀레니얼들의 생활이란 모든 삶이 열려있는 듯하다. '나'라는 고유의 가치와 기준이 지켜지기는 정말 어려워 보인다.

라이프 스타일을 다루는 플랫폼들의 인기는 폭발적이다. 수많은 유명 플랫폼들이 여행, 요리, 디자인의 모든 삶을 열어놓고 연관 상품을 화려하게 보여주면서 소유보다 경험을 중시하는 밀레니얼들을 끌어 들인다. 일회성 소비와 당장의 삶을 즐기도록 유도한다.

우리나라처럼 출신 학교나 직업, 외모와 사는 곳 등이 서열화 되어 있는 나라에서 생활의 열림은 치명적이라고 느낀다. 우리는 '남부럽지 않게 잘 살아야' 하고 남들보다 뒤처지거나 다른 것을 '공포'로 받아들이는 경향성이 높다. 소셜 네트워크의 비극적 측면이 분명히 존재한다고 여겨진다.

스마트 디바이스와 소셜 네트워킹에 다소 미숙해도, 액티브 시니어라고 자부하는 전후 베이비부머인 나와 우리 친구들은 서서히 사회적 자아를 내려놓고 진정한 '나'로 존재하기를 꿈꾼다. 5월의 바람을 느껴본다. 세상 곳곳에 그가 보낸 햇살의 환희가 가득하다. 빈 가지들이 들썩들썩하여 여기저기 움을 틔웠고, 여린 잎들이 눈을 뜨고 자라서 온 세상을 뒤덮었다. 나무마다 폭죽이 터지는 이 계절에 이제는 나 자신이 아닌 누군가가 되기 위해 시간을 보내고 싶지는 않다. 틀에 박힌 가치관과 사고방식이 타인의 자유를 얼마나 위협하는지를 전혀 알지 못하는 사람들 틈에서 얼마나 고단한 시간들을 보냈던가. 드디어 햇살과 바람이 주는 자유로움을 누려도 될 때가 당도하고 있다.

나는 나만의 은신처를 찾아든다. My own hideout, 작은 텃밭이다. 도시에서만 자라 도시에서만 살아온 나에게 이곳은 완전히 신세계이다. 인적 없는 흙 밭에 홀로 앉아서 아무런 생각 없이 아무런 뜻도 없이 살아가는 일. 산 그림자를 올려다보며 산의 정기와 나의 온 세포가 만나는 신비한 경험과 초록의 햇빛 속에서 느끼는 싱그러움은 자연의 느낌을 닮아 장엄하기까지 하다. 바람이 나뭇잎

사이로 보내는 전령을 올올이 느낀다. 단지 발을 디딜 땅과 하늘만 보이는 이 세상에서 마음이 충만하게 한가득 채워지는 느낌은 신비롭고 비밀스럽다. 온갖 풍광이 하모니를 연주하는 묵시적인 음악소리가 산과 하늘, 나뭇잎들을 배경으로 낮게 고요히 흐른다. 흙바닥에 퍼질러 앉아 동트는 것을 보며 풀을 뽑다가 초여름의 긴 해가 그대로 저물고, 어둠을 아쉬워하며 일어선 적도 있다. 흙 밭에는 거짓말같이 손가락 굵기의 지렁이도 살고 있고, 조금 심심해지면 하얀 나비가 살랑살랑 곁에 다가와 말을 걸어오기도 한다. 잡초와의 전쟁은 전혀 힘들지 않다. 전쟁이라니, 오히려 손톱만 하던 싹이 돋아 어느새 무성해지면 너는 이제 너의 소임을 다했노라 살살 달래면서 다시 흙으로 보내준다. 나 역시 땅바닥에 몸을 기대며 이 땅으로 돌아갈 마음에 살가움을 느끼기도 한다.

나의 은신처에 비님이라도 내리는 날에는 너를 향한 그리움과 나를 향한 위로를 동시에 전하며 한없이 울 수도 있다. 어디엔가 남아있는 아쉬운 마음의 찌꺼기까지 흘려보낸다. 수몰되는 것들을 전혀 붙잡고 싶지 않다. 그대로 가는 것이 좋다. 돌아오지 않는 것은 자연의 이치이거늘. 어둠이 내리면 그 끝없는 고요와 적막 속에, 어찌 그리 깊고 깊은 그 시간의 끝을 돌아서, 돌아오지 못할 지난 시간들을 따라가 보다가 그냥 스르르 잠이 든다.

자신만의 장소에서 아무도 모르는 나의 비밀스러운 모습을 들여다보는 시간이 좋다. 누구보다 꽤 괜찮은 모습이 아니라 그냥 그대로 맨 얼굴의 내 모습과 마주한다. 삶이 이리도 간단하고 가벼운 것이었나. 그리 무겁다고 여기지 않았던 마음이었는데도 이토록 더 맑아지고 보니 깃털처럼 가볍다.

다정한 5월, 모두가 그럴듯한 모습으로 성장하고 있다. 나도 조금은 그런 것 같다.

◇ 아! 가을인가
◇ 청소합시다

이두래

2013년 《경남신문》 신춘문예 수필 부문 당선
2014년 《문학나무》 젊은 수필 선정
2020년 제7회 경북일보문학대전 동상
leedr4855@naver.com

아! 가을인가

작열하는 태양 아래 목백일홍은 덥지도 않은 걸까. 한여름 뙤약볕에 식물들도 지쳐 잎을 축축 늘어뜨리는데 목백일홍은 지친 기색도 없이 붉고 연한 꽃잎을 끊임없이 피워내고 태양 앞에 자못 당당하다. 온전히 태양과 맞선 목백일홍의 기개. 여전히 붉은 기염을 토하고 있다.

목백일홍과 달리 나는 덥다는 핑계로 가족들의 식사 준비에 소홀했다. 밥은 전기압력솥에 맡기고 화식火食은 식탁에 올리지 않았다. 인류 진화의 획기적 발견이었던 불을 사용하지 않고 가능한 한 생식을 하기로 했다. 뜨거워진 지구에 대처하는 소극적 신인류의 등장이라고나 할까. 그러니 맨날 반찬은 푸성귀가 주류였고 잦은 비로 푸성귀 값도 만만치 않았다. 햇볕을 차단하기 위해 커튼은 내리고 외출은 줄였다. 햇볕에 투명 가시가 돋쳤는지 마구 살갗을 파고들어 따가울 지경이었다. 목백일홍 꽃잎이 저리 붉은 건 혹여 햇볕 가시에 화상을 입어서인지도 모를 일이다. 전례 없는 극염極炎의 여름을 견디며 21세기는 겨울나기보다 여름나기가 더 힘들겠다는 생각에 이르렀다.

불볕더위와 폭우로 하루에도 몇 번씩 번갈아 얼굴을 바꾸는 하늘은 시간당 강수량을 거뜬히 갈아치우며 '극한 호우'라는 새로운 기상 용어가 만들어지기도 했다. 변화무쌍, 예측 불허의 일기로 예보는 빗나가기 일쑤였고 여러 공공기관의 안전 안내문자는 시간 단위로 울렸다. 날씨는 신열에 들떠 보채는 아이처럼 펄펄 끓었고 열이 임계점에 도달하면 천둥·번개와 함께 폭우를 쏟아내며 열을 식히기를 반복했다. 덥고 습한 아열대 기후의 전형을 경험하는 여름을 보냈다.

  옛말에 계절은 절기를 거스르지 못한다 했다. 어느 날 문득, 한낮 매미 소리가 들리지 않는다고 생각했을 때 처서와 백로를 지나며 아침저녁 서늘한 기운이 감돌았다. 들릴 듯 말 듯 가을의 전령사 귀뚜라미 소리가 귓가를 적셨다. 설핏 가을의 옷자락이 대문 앞에 어른거렸다. 오래 기다린 손님이 오신 듯 버선발로 내달아 흥감하게 맞았다. 아! 이제 가을인가. 유난히 덥고 힘들었던 여름이었던 터라 가을 손님이 더욱 반가웠다.

  가을이 당도한 것은 시장 풍경에서도 알 수 있다. 복숭아, 수박, 참외가 진열대 1열에서 뒤로 밀려나고 그 자리에 배와 사과가 수북하게 쌓였다. 제철 과일의 전성기를 알리는 풍경이다. 곧 추석이 가까우니 시장은 햇곡식과 햇과일들로 넘쳐날 것이다. 한여름 뙤약볕도 한풀 꺾여 순해졌다. 가을 햇살은 만물을 살찌우는 자양분이다. 어느새 뙤약볕이 햇살로 바뀌며 친근하게 다가오는 것은 계절이 자리바꿈한 탓이리라.

'가실'이라는 말을 좋아한다. 가을의 경상도 사투리다. 예쁘고 옹골찬 과실들이 풍성할 것 같은 가을과 맞춤한 어감이라 더욱 좋다. 어릴 적 어른들은 사계절을 일러 봄 여름 가실 삼동이라 말했다. 내게는 익숙하고 정겨운 말 가실, 요즘엔 가끔 책에서나 볼 수 있을 뿐 들어본 지 이미 오래다.
　이제 완연한 가을이다. 감도 발갛게 영글어가고 화단께에서 들리는 귀뚜라미 소리도 한껏 옥타브를 높여 가을밤을 노래한다. 월백풍청月白風淸하니 등화가친燈火可親이라. 달은 환하게 빛나고 바람은 시원하게 불어오니 가을밤을 밝혀 책을 펼친다면 열대야로 뒤척인 여름밤을 보상 받을 수 있을 것이다.

청소합시다

　가을볕이 거실에 넘실댄다. 가을볕은 현미경을 든 청소반장쯤 되나 보다. 비춰서 먼지 없는 곳 없다는 듯이 창가에 선 넓적한 고무나무 잎에도, 푸른 스파티필름 위에도 먼지가 뽀얗다. 깨끗하다고 여겼던 거실도 햇빛 현미경 앞에서는 온통 먼지투성이다. 그렇다고 걸레질을 할 생각은 없다. 빨리 해가 기울어 나의 게으른 흔적들이 내 눈에 보이지 않기만 바라고 있다. 종내엔 눈을 감듯 커튼을 내리고 말 것이다.
　어릴 적 나의 청소반장은 어머니였다. "딸 많은 집이 지저분하면 동네 사람들이 욕한다."는 어머니는 넷째 딸인 내게 무던히도 청소를 많이 시켰다. 마루는 수수 빗자루로 틈새까지 꼼꼼히 쓸고 난 다음 걸레로 닦는다. 어린 나로서는 팔이 짧아 한 번 '쓱싹' 아래위로 밀고 당기면 한 번에 왕복이 되지 않았다. 마루 끝에 무릎을 꿇고 궁둥이를 하늘로 쳐들고서 허리를 '쭈욱' 앞으로 펴도 걸레는 문지방에 닿지 않았다. 두 손으로 걸레를 잡고 한 번에 문지방 끝까지 닦으려고 안간힘을 쓰다 길가에 늘씬하게 뻗은 개구리 꼴이 되기도 했다. 그때의 마루는 어쩌면 그리도 길게 느껴졌는지.

마루 청소는 가을걷이가 시작되면 더 괴로웠다. 벼를 베어 볏단을 집으로 날라다 타작을 했다. 타작을 하고 난 마루와 장독대는 회색의 먼지로 가득했고 한 번의 걸레질로는 깨끗해지지 않았다. 걸레를 빨고 다시 닦기를 반복해야 했다. 하루 만에 끝나는 타작이라면 또 모를까 안배미는 오늘, 너뱅이들 논은 또 내일, 집뜰밭 콩 타작은 또 언제고. 벼 타작, 콩 타작, 이놈 타작마당은 도대체 언제 끝이 나려나 싶었다.

타작마당이 펼쳐진 뒤에는 집이 빠끔한 데가 없었다. 온통 집 안이 회색빛이었다. 먼지는 격자무늬 문살에도, 감나무와 배나무 잎에도, 장독대에도 쌓였다. 사람인들 무사했으랴. 까만 눈만 떴을 뿐 회색 인간이 따로 없었다. 감나무, 배나무 청소야 하늘 담당이겠지만 마루며 방문은 내 차지가 되어 신물 나도록 청소를 했다. 감잎 떨어져 어지러운 마당, 좀 더 자라서는 단지 깰까 무서워 유보해 두었던 장독대까지 도맡아 청소를 하며 자랐다. 마루 아래 축담에 서서 허리만 굽히면 수월하게 왕복 걸레질이 될 만큼 자라 집을 떠났다.

그렇게 자라서인지 아이 둘을 키우면서도 손빨래를 고집하고 시간만 나면 씻고 닦고 훔쳐서 주부 습진으로 된통 고생을 했다. 집 안만 반지르르한 게 아니라 무릎을 꿇고 걸레질을 해서 무릎도 반들반들 윤이 났다.

그렇다고 나의 집이 분통같이 보송보송할 것이라 상상하지 마시라. 이제 깨달았다. 무수리마냥 집 안 청소에 공을 들이는 것은 헛

고생이다. 원래의 상태로 돌려놓는 그 이상의 깨끗한 청소는 없다고 단정적으로 말할 수 있다. 새집으로 이사를 했다면 그 시각부터 새집은 더러워지기 시작한다. 아무리 깨끗하게 청소를 한다고 해도 새집보다 깨끗할 수는 없는 이치다. 집안일이란 어지럽고 더러워진 집을 청소와 정리 정돈으로 원래의 상태로 돌려놓는 '반복'에 불과하다. 그래서 집안일은 표시도 나지 않고 끝이 없으며 하찮은 일로 치부되는 것이다. 원래의 상태로 돌려놓기란 또 얼마나 어려운가. 세월의 때는 아무리 지우려 해도 지워지지 않는다. 고농축 세제로 지우려 해도 지워지지 않는다. 세월의 때는 지우려 닦으면 닦을수록 깨끗해지지 않고 묵은 빛이 난다. 깨끗해지지 않고도 빛나는 세월의 흔적, 그런 세월의 때가 아름답다. 세월의 때는 급조할 수 없는 세월의 흔적이기에 고색창연한 옛 건축물이 사랑을 받는다.

　세월은 모든 것을 이완시킨다. 팽팽하던 젊음도 주름이 잡히고 목수의 굳센 손아귀에 바투 조여졌을 기둥과 보의 조임쇠도 세월에 느슨해진다. 오늘 청소를 하지 않으면 안 될 것처럼 동동거리던 내 성격도 세월 앞에서는 목을 조일 듯 꽉 여민 앞섶의 단추 하나를 열었다. 세월의 때를 인식하는 시각과 함께 세상의 진개塵芥들에 휩쓸려 너저분한 것에 많이 관대해졌다고나 할까. 먼지를 찾아 집 안을 이리저리 살피던 내 눈초리도 순해졌다. 피곤한 청결보다 적당한 불결도 수용하게 된 시점부터 나는 편안해졌다. 창틀에 먼지가 쌓여 풀씨가 날아와 싹을 틔우지 않을까 싶기도 하다.

　되돌아보면 그 시점이란 바지런히 몸을 움직이기에 버거움을 느끼기 시작한 때이며 쓸고 닦아야 할 것은 집만이 아니라는 자각이 일고부터다. 정작 쓸고 닦아야 할 것은 집이 아니라 내 마음이다. 나는 얼마나 보이는 청결에 집착해 왔는가. 집을 어지럽히는 가족들에게 윽박지르고 짜증 내기를 밥 먹듯 했다. 너그러운 시선으로 바라보지 못하고 지적하며 간섭했다. 내 마음의 틈바구니에 누년의 먼지가 쌓여도 청정 지대로 가꾸기 위한 걸레질엔 너무도 소홀했다. 아마도 내 마음 심처엔 60년 묵은 먼지들이 쌓이고 쌓여 단층을 이루었으리라.

요즘은 어지간하면 눈감아버리고, 헉헉거리며 청소에 내 노역을 바치지 않는다. 로봇청소기가 청소를 끝내고 제 집에 쏙 들앉는 시대다. 로봇청소기까지 등장한 시대에 무릎 꿇고 청소할 일이 무어 있을까 싶지만 집 안 청소는 바닥 청소가 전부는 아니다. 구석진 곳의 먼지와 때는 주부의 손길이 닿아야 깨끗해지고 윤이 난다.

먼저 쓸고 닦아야 할 마음의 단추를 사방 풀어헤치고 통풍부터 시켜야 할 것 같다. 더께로 쌓인 먼지와 때를 쓸고 닦아 가을의 밝은 햇빛 현미경에 꼼꼼히 비춰 볼 일이다.

◇ 배추꽃

이석동

방송통신대학교 영문학과 재학중
드레문학회 회원
est000333@daum.net

배추꽃

　공원에 목련이 피었다. 뒤따라 벚꽃이 피고, 뒤질세라 진달래도 꽃망울을 터트린다. 이처럼 꽃들은 피고 지는데, 반지하 방엔 언제쯤 햇빛이 비칠까. 처음 이 지하 방에 둥지를 틀었을 때는 잠시 머물다 갈 줄 알았는데 살다 보니 어언 몇 년이란 세월이 흘렀다. 어둠뿐인 공간이다. 보이지 않는다고 아무것도 없는 것인가. 보려고도 않으니 아무것도 없는 것처럼 보이는 것이다.

　단지 살아 있다는 전제 아래서 방문을 열고 밖으로 나가 통로에 섰다. 높다란 담벼락이 압도한다. 집과 담, 바닥. 온통 시멘트다. 구석진 곳에 정화조 구조물이 1미터 높이로 턱이 진 상태로 노출되어 있다. 교도소 울타리 콘크리트 벽처럼 높은 이웃집 담장과 건물에 가려 햇빛조차 제대로 들지 않는 그 위에 무언가 녹색이 싹을 틔울 수 없을까. 희망이 없다는 생각이 든다고 희망이란 자체를 죽일 수는 없는 게 아닌가. 죽은 땅에서도 희망은 있다. 녹색이 함께할 수 있다고 고개를 끄덕여본다.

　무에서 유의 창조, 부정에서 긍정으로의 전환. 시작해 보자. 작은 공간에 흙을 담아다 부었다. 퇴비를 섞어 한 평 정도의 인공적인 땅을 만들었다. 이른 봄날, 그곳에 상추와 쑥갓 씨앗을 뿌렸다. 오이 모종 세 포기와 고추 한 포기, 가지 한 포기도 심었다. 줄이 나가는 오이는 건물과 담장에 나무틀을 만들고 노끈을 얽어 그 줄을 타고 올라가 한 세상 살도록 해 주었다. 손바닥만 한 작은 녹색 공간. 나비와 벌이 찾아왔다. 희망을 달고서. 날마다 그들과 눈인사를 나누었다.

추석이 한 달 정도 남은 날, 상추를 뽑아낸 자리에 배추 모종 세 포기를 심었다. 일조량이 적은 탓에 배추는 제대로 자라지 못했다. 그래도 배추다운 모습을 갖춰가는 게 기특할 따름이었다. 김장철이 되었다. 아내가 시장에서 큼직하고 알이 꽉 찬 김장용 배추를 싣고 왔다. 심은 배추 세 포기는 아내의 관심에서 벗어나 산 채로 겨울을 맞았다. 차마 뽑아버릴 수도 없어 배추 주위에 낙엽을 수북이 쌓아 그 위에 비닐을 덮어 두었다. 음지. 배추는 겉잎부터 말라 갔다. 마른 잎들이 속살을 덮은 채 겨울을 맞이하는 배추를 그대로 두고 볼 수밖에 없었다. 그 위에 헌 이불을 다시 덮어 주었다.

늦가을 황량한 그곳에서 밤이면 귀뚜라미의 음악회가 열렸다. 의자를 하나 들고 구석지고 황량한 그 앞에 앉았다. 관객이라고는 나 한 사람과 배추 세 포기 뿐인데, 저렇게 훌륭한 연주를 해 주다니…. 가을 하늘은 맑고 높다. 좁은 공간에서 바라본 밤하늘에는 별들이 빛난다. 그중에서도 더욱 빛나는 북두칠성, 그 너머를 달려가는 눈동자는 끝 간 데를 알 수 없었다.

이런 열악한 환경에서 배추를 자라도록 한 것이 미안했다. 국문학과를 졸업하는 날 집으로 돌아와 배추를 덮었던 헌 이불을 벗겼다. 비닐을 걷어내자 마른 배춧잎 한복판으로 고개를 내민 연노란 새싹이 보였다. 저 생명의 끈질김. 말라버린 겉잎을 벗겨내자 잘 살아남은 배추의 웃는 모습을 볼 수 있었다.

 작은 식물에게라도 정성과 사랑을 들인다면 마음속에 자리를 잡은 봄의 화사함은 늘 함께할 수 있다는 걸 배웠다. 남에게 받으려는 마음보다 내 마음을 남에게 준다는 것은 비록 그것이 아무리 작고 하찮은 것이라 할지라도 우선은 내 마음부터 행복해진다는 걸 알게 됐다. 배추의 싹은 나뭇가지처럼 열한 마디가 피라미드 형태로 변하면서 마디마디에 노란 꽃망울을 틔워냈다. 배추꽃이 피는 것을 처음 보는 터라 신기했다. 사월 하순이 되자 배추 위쪽에서 아래로 꽃이 번져가기 시작했다. 나비와 벌들도 찾아왔다. 노란 배추꽃은 피고 지고 또 피며 흐드러졌다.

 오월 하순이 되자 꽃이 모두 지고 그 자리에 씨앗 집이 달리기 시작했다. 유월이 되자 씨앗 집이 영글고 잎들은 말라 떨어졌다. 수많은 씨앗을 익히기 위해 벌거벗은 채 땡볕에 서 있는 배추의 꿋꿋한 모습을 본다. 우산대처럼 가지에 매달려 있는 씨앗 집들은 잘 익어 갔다. 배추 대가 마르는 속도로 영글어 갔다. 마침내 배추 세 그루는 배추 씨앗이라는 수많은 새 생명을 남겼다. 희망으로 일군 땅에서 펼쳐진 일이다.

 어린 시절 아버지를 따라 꽃과 약초를 키우곤 했다. 씨앗들은 잘 말려 두었다가 밭이나 화단에 다시 심고 가꾸었다.

"사람은 왜 사는 겁니까?"

내 물음에 아버지는 꽃대를 만지며 답하셨다.

"사람이 사는 것도 배추꽃과 같다. 태어남이 있으면 반드시 죽음도 있다."

그러나 봄이 오고 꽃이 피는 자연의 이치와 달리, 스스로 마음먹고 택하는 일도 있다 하셨다. 누가 주는 것이 아니라 스스로 찾고 가꿔야 하는 것. 행복이란 희망 속에서 싹을 틔우는 것 아닐까.

◇ 이웃

이승숙

2010년 《수필과비평》 등단
부산문인협회, 부산수필과비평작가회, 드레문학회 회원
수필집 『이화 달빛 사르다』, 『매화 홀로 난분분』
sk3919@hanmail.net

이웃

그녀와 이웃사촌이 된 게 어언 10여 년이다. 첫인상이 좋아서 만나자마자 가까워지는 사람도 있고 그 반대인 경우도 있다. 인상만 보고 심상을 보지 못해 실망한 적도 있었다. 그런가 하면 알면 알수록 좋은 알곡 같은 사람이 있다. 서서히 달구어지는 구들장처럼 그녀도 그랬다.

우리 집에 문제가 생기면 나는 제일 먼저 그녀에게 연락한다. 그러다 보면 그의 손에서 간단히 해결될 때도 있다. 간단한 전기 작업부터 부분적인 방수와 페인트칠이며 웬만한 집수리는 혼자 다 하는 그녀다. 그래서인지 그의 집에는 이런저런 종류의 연장들이 정말 많기도 하다. 그러면서 사람 한번 부를 때마다 인건비도 그렇고 내가 모르면 공사를 제대로 하는지, 가격으로 장난을 치는지 알 수가 없다고 했다. 백번 맞는 말이지만 나에겐 꿈같은 이야기이다. 지독한 기계치에 연장 이름조차 잘 모르는 청맹과니이기 때문이다. 사람도, 집도 세월의 연식만큼 손이 가는 법이다. 시원찮은 집사로 살아간다는 것도 꽤 고달픈 일이다.

그녀의 집 유리문은 늘 수정처럼 반짝반짝 윤이 난다. 세입자들이 입주할 때마다 청소를 비롯한 모든 걸 혼자 다 한다. 업체 전문가들보다 더 섬세한 그녀인지라 웬만해선 성에 차지 않을 것이다. 부지런함도, 손재주도 타고 나는 듯. 그녀가 어릴 적 마을 어른들은 하나도 버릴 게 없는 아이라 했다지. '될성부른 나무는 떡잎부터 알아본다.'더니 헛말이 아닌 듯하다.

전북 익산이 고향인 그는 대장금 부럽지 않은 손맛을 가졌다. 언젠가 고구마 줄기 김치를 가져온 적이 있었다. 그런 김치가 있다는 걸 그때 처음 알던 나다. 호기심에 얼른 맛을 봤다. 밍밍한 맛에 식감도 그렇고 완전 시골 맛처럼 그냥 그렇고 그런 맛이었다. 그런데 며칠 후 반전이 일어났다. 잘 숙성된 김치는 아삭하고 담백했으며 깊은 풍미가 느껴지는 건강한 맛이 났다.

그녀는 딸만 셋인데 세 딸 모두가 예쁘고 선해서 늘 부러운 집이다. 그 딸들이 어릴 때였다. 날마다 아이들의 머리 모양이 달라지는 모습에 선생님이 묻더란다. 혹시 미용실 도움을 받느냐고. 그는 자기 머리도 스스로 자르는 실력자다. 그러니 아이들 머리는 오죽 잘 꾸몄을까. 반듯한 살림 솜씨처럼 그의 성향도 똑 닮았다. 가끔 만나 밥이라도 먹을라치면 그때마다 실랑이가 벌어진다. 너무 반듯한 게 흠일 정도의 그를 나는 무조건 믿고 신뢰한다.

요즘 들어서 나의 장기 여행이 빈번해졌다. 그때마다 그녀는 오며 가며 집도 살펴주고 주기적으로 자동차 시동도 걸어준다. 그 덕에 나는 마음 놓고 여행을 즐긴다. 멀리 있는 피붙이들보다 가까운 이웃이 낫다는 걸 말해 무엇하리. 이웃으로 인하여 좋은 관계로 이어지는가 하면 때로는 원수보다 못한 사이가 될 때도 있지 않던가. 잊을 만하면 보도되는 층간 소음의 강력 사건들이 소름 끼치도록 무서워지는 세상이다. 어떤 이웃이 사는지 미리 알 수 없으니 이사 가는 것도 조심스러운 일이 됐다.

사람의 향기와 덕의 향기는 만 리를 가고도 남는다는 뜻의 人香萬里, 德香萬里가 있다. 중국 남북조시대의 고위 관리인 송계아는 퇴직 후 본인이 살 집을 구하러 전국을 다녔다. 그러다가 집값이 일백만 금인 집을 발견하고는 일천백만 금의 값을 주고 샀다. 이웃집의 여승진이 그 이유를 물었다. 송계아의 대답은 간단했다. 백만 금은 집값이고 천만금은 여승진과 이웃이 되기 위한 값이라고 답했다. 집값의 열 배인 이웃의 존재 가치가 더 놀랍지 않은가. 뷰에 따라서 집값이 달라지는 우리의 현실과는 격세지감이 든다. 덕 있는 사람과 이웃하는 높은 가격의 프리미엄이 신선하다. 공으로 얻은 귀하고 소중한 나의 이웃이 있어서 고맙다. 나는 지금 어떤 향기의 이웃으로 사는 것일까.

소나기가 쏟아지던 날 나는 화원으로 향한다. 노란색 꽃이 만개한 호접란 화분에 '선하고 좋은 당신은 나의 행운입니다.'라고 리본을 달았다. 꽃을 들고 그녀의 집 앞에 섰다. 갑자기 불려 나온 그는 꽃과 나를 번갈아 보며 웬 꽃이냐고 묻는다. "그대에게 보내는 내 작은 마음이라오." 그가 황급히 손사래를 치면서 "나는 언니가 늘 고마운걸요." 만감이 교차하는 듯 잠시 침묵이 흐른다. 빗물이 드는지 그의 눈동자가 촉촉해진다.

◇ 진료실 풍경

이현미

2010년 《수필과비평》 등단
수필집 『아날로그의 추억, 그 후』
samho8@hanmail.net

● 올해의 신간 속 한 편

진료실 풍경

통증클리닉의 진료가 시작되려면 한 시간 더 기다려야 한다. 하지만 이미 사람들은 닫힌 문 앞에 줄을 서 있다. SECOM, 이제는 눈에 낯익은 글자 앞에서 오늘은 내가 일등이라는 할매들의 표정이 여유롭다.

병원 앞 좁은 복도 한쪽 귀퉁이 화이트보드도 지친 듯 회색빛이다. 일찍 와서 대기 중인 환자가 직원들 출근 전에 순번을 적어 두는 곳인데 쓰고 지우기를 반복한 탓이다. 삐뚤빼뚤 적혀있는 이름은 줄이 제법 길다. 할매들의 말소리도 왁자하고 길다. 그동안 치료받은 병원을 들먹이며 자랑이나 하듯 몇 군데나 들렀다고 말을 꺼내자 다른 할매가 질세라 끼어든다. 본인에 비하면 아무것도 아니라는 식으로 손가락까지 꼽아가며 병원 수를 나열한다.

드디어 진료가 시작되었다. 화이트보드에 적힌 순서대로 안내한다. 치료실은 좁은 공간에 여덟 개의 침대가 다닥다닥 붙어있다. 저마다의 자세로 순서를 기다리는 환자들의 모습이 오래된 사진을 보는 것 같다. 천장을 바라보며 반듯하게 누워 있는 사람, 오른쪽 어깻죽지를 내놓고 있는 사람, 옆으로 누워 있는 사람 등 아무렇지도 않은 듯한 당당함이 오히려 익숙하다. 그들 사이에서 나는 다소곳이 양반다리를 하고 있다. 누워 있는 것보다는 위엄 있어 보일 터이니 다행이라 여기던 생각은 오래가지 못했다. 지극히 사무적인 간호사의 "바지 내리세요." 한 마디에 머리부터 발끝까지 찌르르 통증이 오듯 하더니 순식간에 콧등 위에 땀이 맺혔다. 얼른 바지를 내리고 엉덩이를 내보였다. 그러고 한참을 더 기다린 걸 보면 아직 차례가 남아 있는데도 그들은 미리 환자를 준비시킨 것이다. 벽을 보고 앉아 있는 내 모습은 상상만으로도 민망했다.

원장님의 등장과 함께 첫 번째 할매의 대사가 시작된다.

"원장님요, 내 어깨가 와 이리 아픕니까?"

콧소리 물음이 끝나자 원장님의 대답도 있기 전에 저쪽 할매의 다급한 목소리가 침대 위로 마구 구른다.

"원장님요, 낼로 먼저 봐주소. 내가 허리가 너무 아파 딴사람 다 하도록 몬 기다린다. 어이구, 아야!"

원장님은 금방 죽어가는 시늉에다가 끙끙 앓는 할매의 말이 다 끝나기도 전에 싹둑 말허리를 자른다. 한마디 말에는 의사로서의 위엄이 서려 있다.

"할매는 맨날천날 그카드라. 마 기다리소!"

순간 나는 내가 엉덩이를 까놓고 앉아 있다는 것을 깜빡 잊을 뻔했다. 할매와 원장님과의 대화가 한 편의 콩트 같아서 자꾸만 웃음이 나와 지그시 혀를 깨물었다. 할매들의 농익은 연기와 아이 같은 투정은 그 후로도 계속되었다. 그러든 말든 결국 할매는 자기 차례가 되어서야 진료를 받고 만다.

내 차례가 되었다. 그 병원에 첫 방문하는 나는 할매들 같은 엄살도 콧소리도 추임새도 없다. "뼈가 어긋난 것처럼 다리가 심하게 저리고 아파요." 또박또박 반듯하게 아픈 것을 말했다. 의사는 신경치료를 하겠단다. 엉덩이 위쪽 부분의 뼈와 뼈 사이로 바늘을 밀어 넣었다. 조금 전 민망함은 온데간데없고 오른쪽 골반의 묵직함과 저릿저릿 지근지근 야릇한 허리 통증에 이를 악물었다. 그렇게 반복하여 며칠 동안이나 치료한 후에야 한결 편안해졌다.

한의원에 일하는 지인에게서 들은 별난 할매들 이야기이다. 그 한의원 최고의 별난 할매는 송 할매라 했다. 이야기를 듣고 보니 그 할매의 억지는 하도 리얼하여 내가 갔던 병원의 할매들보다 한 수 위였다. 낡은 유모차를 지팡이 삼아 힘들게 들어오는 송 할매는 누구의 말도 듣지 않아 함께 근무하는 어떤 직원은 할매의 등장과 함께 모습을 감추곤 한단다. 내가 어디 아픈 줄이나 아느냐고 시작되는 멘트는 받아 적으라는 호통으로 이어지고 다 적었느냐는 확인도 절대 잊지 않는다고 했다.

"오른쪽 무릎은 물어뜯듯이 아프고, 왼쪽 무릎은 누가 자 뜯듯이 아프다. 어깨는 내려앉을라 하는데 느그 원장 내 어깨는 어짠다 카드노, 으이? 내가 몬 살 끼다."

쉴 새 없이 읊어대는 할머니의 병 내력은 나름대로 질서가 있어 종합해 보면 머리끝에서 발끝까지 훑고 지나가는 셈이라 했다. 어느 날 오시라고 정해주는 것은 이미 소용없는 일이고 송 할매가 원하는 대로 해 주는 것이 가장 빠른 해결 방법임을 어느 순간 터득했다 한다. "돌덩어리같이 굳어 있는 머리에서 피가 항거 나오게 짜라."며 소리를 지를 때면 밉지만, 머리카락 사이사이 꼽아 놓은 침을 혼자 다 빼고는 "느그 수월하게 해 준다."는데 어찌 밉다고만 하겠는가. 그저 단골 꾸러기 할매로 받아들이는 수밖에.

오늘도 대기실에 앉아 진료 차례를 기다린다. 여전히 시끌시끌하다. 여기저기서 할매들의 아프다는 호소가 그칠 줄을 모른다. 다른 분들을 위해 조용히 말씀해 달라고 주문하는 간호사의 말에 외려 할매의 목소리가 드높다.

"뭐라카노! 마, 안 들린다."

한낮의 진료실 풍경이다.

◇ 흐린 자국

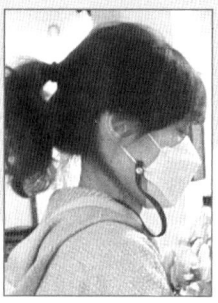

임소조

sojo4738@naver.com

흐린 자국

　창문을 연다. 운무가 가득한 하늘 사이, 집 주변 고층의 아파트는 하얀 띠를 두른 듯 절반은 사라져 보이지 않는다. 습도가 높아 불쾌지수도 오른다. 옷이 얇아지는 계절이다. 덥다고 방방 뛰는 아이들에게 반팔과 반바지를 꺼내면서도 잠시 망설인다. 아들의 다리를 걱정한다.
　아들은 지난봄에 큰 사고를 겪었다. 그날은 내 생일이었는데도 아이들의 학원 문제 등으로 분주해서 끼니를 놓쳤다. 학원 수업까지 마치고 5시에 하원한 아이가 놀이터에서 놀겠다고 떼를 써 저녁이 늦어졌다. 시어머니가 만들어 주신 미역국과 나물을 가지고 비빔밥과 국을 준비하는데 아들은 배가 고파 보채기 시작했다. 조심성이 많은 아들이었지만 배고픔이 찬찬한 성격을 이길 수는 없나 보다. 주의 주려고 돌아봤을 때, 팔팔 끓는 국은 이미 아들의 다리에 엎질러진 뒤였다. 불길한 예감은 직감적으로 느껴지는 법이다. 나는 아들을 안고 목욕탕으로 뛰어갔다. 욕조에 넣어 샤워기 물을 철철 흘려보냈다. 속절없이 흘러가는 거친 물소리보다 아들의 울음소리가 더 거세게 넘쳐흘렀다.

화상의 고통을 보는 부모의 참담함은 경험하지 못한 이는 알 수가 없다. 나는 순간 정신을 잃을 듯한 두려움에 떨리는 마음을 꽉 붙잡아야만 했다. 남편에게 전화를 했지만 상황과 증상을 묻는 말은 아무 도움이 되지 못했다. 차라리 119를 떠올린 건 참으로 다행이었다. 다급함과 떨리는 음성으로 도와 달라고 외쳤지만 아들의 절규하는 울음소리에 통화도 어려웠다. 문명의 혜택이 이렇게 고마운 적이 있을까. 내 신상을 파악해 아들을 치료할 수 있는 병원 리스트가 문자 가득히 왔다. 정신이 혼미해 가는 엄마와 화상의 고통에 절규하는 동생을 보며 딸은 눈물을 훔치며 우리 손을 꼭 잡아주었다. 병원에 어떻게 도착했는지, 무슨 정신으로 운전했는지 생각나지 않는다. 잘 도착했고 임박한 시간에도 우리를 기다려 준 의사 선생님이 그저 고마울 뿐이었다. 아들은 심재성 2도 화상으로 꽤 심한 병명을 받고 통원 치료를 했다. 그리고 지금껏 살면서 가장 잊을 수 없는 힘든 생일로 그날의 기억은 '상처'라는 이름을 남겼다.

　숫기 없고 조용한 딸과 달리 아들은 위풍당당하다. 호기심이 많아 질문이 끊이지 않고 순간 떠오르는 말은 내뱉어야 하는 성격이다. 항상 똑 부러진 성격과 그로 인해 툭 튀어나오는 말 때문에 유치원의 연락을 피할 길이 없다. 살면서 미안할 일이 별로 없었는데 아들을 키우니 다른 아이와 그 아이 부모님께 미안하다 사과하고 변명하는 처지가 되었다. 생각 의자에 앉아 반성의 시간도 가져보고, 타일러도 보고, 으름장도 놓다가 고민에 빠져 『아들의 뇌』라는 책을 사서 이해하려는 노력도 했다.
　이렇게 속 끓이던 아들이 허벅지에 큰 화상 자국을 남기고 두 달 동안 매일 치료를 받았다. 내 부주의로 아들에게 상처를 남긴 것 같은 죄책감에 일 마치고 돌아와 있지만, 아들은 그날의 트라우마 때문인지 풀 죽어 조용해졌다. 또래보다 발달이 뛰어난 아이는 많은 것에 특출나지만, 특히 그림 그리는 것을 잘하고 좋아한다. 어디라도 의지하고 싶었던 마음에 아들이 다니던 미술학원에도 얘기했다. 예술이 정서적인 마음의 치유도 돕는다고, 다시 기운 차려 잘 이겨낼 수 있도록 따뜻한 말들을 많이 쏟아 달라고 부탁하며 나는 아들의 치유를 빌고 또 빌었다.
　그해, 친구의 아들이 한부모 가정이 되었다. 그로 인한 충격에 친구는 몸이 아파 일 년간 남편이 아들을 키웠는데, 아이는 엄마 없이 사는 외로움에 마음 둘 곳이 없었다 한다. 그저 뙤약볕에 혼자 자전거 타는 걸 위로로 삼았다. 다시 엄마에게 돌아왔을 때 아들은 마스크를 경계로 위아래가 극명하게 두 색으로 나뉜 얼굴이었다. 정신이 차려진 아이 엄마는 그늘처럼 남은 얼굴의 경계선을 볼 때마다 미안함에 눈시울을 붉혔다. 그리고 아이에게 얼룩으로 남은 자국이 사라지도록 매일같이 선크림을 바르며 애정을 쏟았다.
　얼마 전 친구가 아들을 데리고 놀러 왔다. 두 모자가 훨씬 밝은 모습이다. 아들이 웃으며 마스크를 내리는데 마스크를 벗은 위아래의 경계가 희미하다. 친구도 웃으며 이제는 잘 지내고 있노라고 나를 안심시켰다. 성격이 밝은 친구의 아들은 우리 아들과도 잘 어울린다. 또 같은 성별이라 그런지 꽤 애틋하게 지낸다. 노는 아이들에게 손짓하며 잠시 세워 아들의 바지를 걷어 올렸다. 오백 원 동전 크기로 전보다 옅어진 화상 자국을 보여 주었다.
 흐려지는 자국처럼 우리도 잘 지내노라고.

◇ 메론빵
◇ 소란하게

최아란

2016년 《에세이문학》 등단
2018년 에세이문학 제5회 올해의작품상
2022년 제10회 매원수필문학상
수필집 『언니의자』, 『소란하게』
aranie@daum.net

메론빵

결혼식 나흘 전 시아버지가 돌아가셨다. 지금처럼 저마다 휴대전화가 있는 때도 아니었다. 양가 상의 끝에 예정대로 식을 치르기로 했다. 처가 외에는 신부측 하객에게 부고를 전하지도 않았다. 아버지를 땅에 묻은 다음 날 남편은 씩씩하게 신랑 입장을 했다. 울다가 웃다가 새 신부도 제정신은 아니었을 것이다.

49재를 치르러 시댁 본가 근처로 내려온 날, 결혼 후 처음 만난 친정 부모님은 내 맞은편에 서서 사돈 식구들과 인사를 나눴다. 팔월 무더위가 검은 상복을 친친 휘감아 법당 안에서도 땀이 줄줄 흘렀다. 절 마당과 산소로 자리를 옮기며 긴 상례가 끝났다. 기진맥진했다.

늦은 오후에야 각자 집으로 향했다. 아버지 차가 나를 태우지 않고 먼저 출발했다. 서울에서 온 우리 내외는 혼자 사는 셋째 시누이 댁으로 갔다. 일본 시누이도 함께했다. 옷만 겨우 갈아입고 다들 소파에 길게 늘어졌다. 여름 해도 다 넘어갈 즈음 누군가, 뭘 좀 먹어야지, 말을 꺼냈나 보다. 글쎄… 생각이 없는데, 라고들 대꾸했을 것이다. 우리 올케 배고플 텐데, 큰시누이가 한두 번 더 물었을 테고, 진짜 괜찮아요 언니, 나는 손사래 쳤을 것이다. 그렇게 흩어져 방으로 들어갔다.

　신혼부부에게 내준 안방 침대에 누워 남편은 금세 곯아떨어졌다. 나는 생각했다. 배가 고프다. 평소 무시로 끼니를 거르는 내가 왜 지금은 이리 서럽도록 배가 고플까. 나는 슬펐다. 그리고 한심했다. 십 년 전 어머니를 잃고 이제 아버지까지 떠나보낸 육 남매의 상심 앞에서 나의 허기는 홀로 또렷하여 무참하였다.

　가방 안에 납작 찌그러져 있을 메론빵이 생각났다. 낮에 엄마가 넣어준 것이었다. 이런 게 있더라. 진짜 메론같이 생겼지? 근데 메론 맛은 안 나. 처음 보는 모양이었다. 나는 안방 화장실에 들어가 빵을 꺼냈다. 눅눅해진 소보로 껍질을 뭉쳐 한 톨 남김없이 먹었다. 엄마는 내가 이렇게 될 줄 알았을까? 아직도 나는 그걸 여쭤보지 못했다. 하지만 만에 하나, 내 딸에게 이런 날이 오게 되면 딸아이 가방에다 메론빵 한두 개를 넣어줄 것이다.

　일본 메이지 시대에 처음 만들어졌다는 메론빵은, 윗면에 붙인 땅콩 소보로에 금을 내어 메론 껍질 같은 모양을 만들어서 그렇게 이름 붙여졌다. 실제로 메론 과즙은 한 방울도 들어가지 않는다. 남편과 결혼해 이 집 귀신이 되었다는 나도 실은 이들과 피 한 방울 섞이지 않았다. 이상할 것도, 부끄러울 것도 없는 이 사실 앞에서 그날 나는 혼자 배고팠고, 서글펐고, 또 왜인지 죄스러웠다. 그럴 필요까지는 없었는데 하여튼 그때는 그랬다.

　지금의 나라면 밥을 지었을 것이다. 쌀을 씻어 안치고 맹물에 된장을 풀어 국을 끓였을 것이다. 그마저도 여의치 않다면 밖에 나가 김밥을 사오거나 뜨끈한 죽이라도 시켰을 것이다. 그래서 기진맥진한 우리를 먹였을 것이다. 시누이 손에 숟가락을 쥐여주고, 남편 밥술에 김치를 올려줬을 것이다. 언니 얼른 들어요. 저도 배고파요 언니. 여보 뭐 좀 먹고 자. 우리 내일 좋은 거 먹으러 가요. 결혼 십오 년차에 애 둘 낳고 사는 지금이라면 아마 그랬을 것이다. 친구 몇에게도 일러두었다. 나중에 상중에라도 사위 밥, 며느리 밥 잘 챙겨주라고.

요즘 소문난 메론빵에는 진짜 메론이 들어가기도 한다. 훨씬 봉긋한 모양새에 초록색까지 내는 것도 있다. 부부가 십오 년쯤 같이 살면 한 핏줄처럼 닮는 것도 그럴 만한 일이다. 같은 음식을 먹으니 씹는 턱 관절 등이 비슷해져 그렇다 한다. 암만 그래도 슬픈 일, 기쁜 일 바라보는 방향은 다를 수 있다. 그 크기가 다른 것도 당연한 일이다. 서글픈 일 아니고, 미안할 일은 더욱 아니다. 오히려 다행이지 않은가. 궂은일일수록 그 비통함에 함께 흠뻑 젖은 수건 꼴이 되어서는 상대방의 눈물을 훔쳐낼 수가 없다. 그저 마주 앉아 서로의 손에 밥숟갈 들려줄 수 있으면 건너편의 도의는 모자란 게 아니리라.

나흘 뒤 아버님 기일이다. 제수 장만하러 시장 가거든 콩국수부터 한 그릇 사먹고 시작하려 한다.

● 올해의 신간 속 한 편

소란하게

산 것에서는 소리가 난다. 죽어라 사느라 그렇다. 산 것은 끊임없이 움직이면서 먼지를 일으키고 서로를 밀거나 잡아당긴다. 차분히 확정된 죽음으로부터 멀리 떨어져 있을수록 더 소란스럽다. 서툴고 우왕좌왕하지만 그것은 삶이 분기탱천하여 그런 것이므로, 아기가 걷기 위해 자꾸 넘어지고 다시 서는 것을 누구도 어수선하다 나무라지 않는다.

오늘도 아이들은 부산하다. 꼬챙이 하나 주워 들곤 발아래 개미 떼의 사무를 감시한다. 흙더미를 파헤쳐 떨어진 열매를 묻는다. 걸음마다 채는 돌멩이를 비틀어 꺼내고, 여기도 있는 꽃을 보러 저기까지 뛰어간다. 난간을 보면 괜히 올랐다가 도로 내려온다. 앞서거니 뒤서거니 해도 결국 한자리에서 만날 건데 거슬러 달려와 내 옆에 선다. 그러다가 또 주위를 밀거나 당기거나 하며 주체할 수 없는 산 것들이 펄떡거린다. 직선 길을 최단 거리로 곧게 걷는 이는 나뿐이다.

다리가 짧아 더 걷고, 기웃대느라 더 걸은 몸이 출구를 앞에 두고 떠나기 아쉬워 에워간다. 세상은 이런 순정으로 여기까지 왔다.

이런 애정, 이런 열정으로 같은 자리를 또 돌고 또 쓰다듬고 또 헤집다가 새로운 것이 창조되곤 했다. 효율적이니 상식적이니 하는 것들로는 열리지 않는 새 문을 열고 앞으로 나아간다.

여기에서 저기까지 조금 더 빨리 도착하기 위해 산허리를 뚫어 터널을 내곤 한다. 그렇게 삼십 분을 벌어서 우리는 어디에 썼던가. 삼십 분 더 일찍 집에 도착해 쉴 수 있었던가, 아니면 그만큼 더 일을 했던가. 삶터를 잃은 동식물이 생태 피라미드에 미치는 영향을 분석하는 보고서를 썼던가. 길거리 쓰레기를 주우면서 달리는 플로깅 동호회 활동을 할 수 있는 여가를 만들었던가.

최단 거리 철로를 달려온 기차에서 사람들이 내린다. 기백 명, 하루 여러 대 기천 명. 모두가 삼십 분씩 벌어낸 시간들을 한데 모아 작은 모래알 하나라도 만들 수 있으면 좋으련만. 산 것들 곁을 지키고 보살피는 진짜 모래. 이 땅에 사람보다 훨씬 먼저 살아왔고, 사람 떠난 뒤에도 오래도록 살아갈 모래.

손톱 밑은 흙모래로 가득해도 아이 손등은 맑고 보드랍다. 살살 핥으면 녹아 없어질 듯하다. 산 것은 이토록 촉촉하고 무르다. 무른 것은 만지는 대로 모양이 달라질까 조심스럽기도 하지만, 한편으로 다시 만져 바르게 되돌릴 수 있다는 얘기도 된다. 사탕 껍질을 아직 혼자 못 까서 엄마 몰래 먹을 재간도 없는 이 녀석들이 결국엔 세상을 바로 만져 옳게 만들리라 나는 믿고 있다. 효율적이지 않아도 되고 빠르지 않아도 된다. 누구보다 아이들이 그걸 제일 잘 안다.

이십 년 전 장바구니를 들고 다닐 땐 당장 내 친구들부터도 나를 이상하게 여겼다. 왜 그런 불편하고 비효율적인 일을 하느냐고. 이제는 더 번거롭거나 더 비싸거나 더 느리더라도 생태를 위한 선택을 해야 한다는 것을 안다. 사람이 일주일간 섭취하는 미세플라스틱 양이 신용카드 한 장 수준을 넘어섰다. 이상 기후로 빙하가 녹아 해수면이 상승해 2030년이면 인천과 부산 일대가 물에 잠긴다 한다.

케첩 한 통을 다 먹어서 뚜껑까지 깨끗이 씻어 헹군다. 플라스틱 용기에 붙은 라벨 스티커를 떼려는데 아무리 물에 불리고 스펀지로 밀어내도 말끔하니 떨어지질 않는다. 손톱으로 일일이 긁다가 얼굴 화장 지우는 클렌저까지 내온다. 소란한 가운데 아이들이 말한다. "엄마, 이제 이 케첩은 사지 말자!"

그렇다. 케첩이 아무리 맛있건, 유기농 설탕을 썼건, 믿을 만한 회사건, 용기 디자인이 아름답건 분리수거가 이렇게 어려운 상품은 퇴출되어야 옳은 것이다. 아이들이 그렇게 만든다. 유난스럽게 챙기는 일, 소란스럽게 분주한 일. 산 것이 살자고 하는 일이고, 지치지 않고 해야 하는 일이다.

큰애가 친구들과 해변가 쓰레기를 줍겠다고 나선다. 손 조심하라고 장갑 들려 보낸다.

◇ 오월에는, 스승의 은혜가 하늘 같아서
◇ 선망

황선유

2011년 《수필과비평》 등단
황의순문학상, 부산수필가문학상
수필집 『전잎을 다듬다』, 『은은한 것들의 습작』,
『몌별』, 『수비토의 언어』
meetapril@hanmail.net

오월에는, 스승의 은혜가 하늘 같아서

　오월 한 날에 여든여섯이 되신 중학교 때 스승을 찾아뵌 이후로 내내 생각이 많다. 나에게는 초중고 그때마다 마지막 학년의 담임 선생님이 특별했다. 살면서 문득문득 그분들을 떠올리며 혼자 송구하고 면목 없어 한다. 그 정성에 한참 못 미친 제자라서. 노랫말 그대로 스승의 은혜가 하늘 같아서.
　초등학교 6학년 때의 담임은 중학교 입학시험을 앞두고 아침마다 불러내서는 교탁을 짚게 하고 팔굽혀펴기를 시키셨다. 13개를 해야 만점 5점을 받는데 내가 그걸 못 해냈다. 입시 날에는 자전거를 타고 간사지 둑까지 마중을 나오셨다. 무사히 팔굽혀펴기 13개를 하고 체육 20점 만점을 받고 입학시험에서 일등을 했다. 선생님은 조례 때 앞으로 불러내어 수줍어 마다하는 나를 업어 주셨다. 그날 찾아뵌 중학교 3학년 때의 담임과는 또 다른 애증이 있다. 선생님은 한창 사춘기 나의 반항을 못 참아내셨다. 기어이 열여섯 살의 종아리에 시퍼렇게 피멍이 들도록 회초리로 때리셨다. 나는 오랫동안 그 일련의 사건이 부끄럽고 그보다 더 노여워서 스스로에게도 숨겨왔다. 고등학교 때이다. 입시를 몇 달 앞두고 말도 안 되는 행동을 하는 나를 염려한 담임은 큰오빠에게 긴한 편지를 쓰셨고, 어찌어찌해서 대입 체력장을 치르는 나를 운동장까지 찾아와 여러 학생과 감독이 보는 앞에서 악수를 청하셨다.

오월을 일러 계절의 여왕이라 하던가. 오월의 영어 May를 중세 때는 첫 글자 소문자인 may라 쓰였다고 한다마는 어떻든. May의 어원을 거슬러 올라가면 계절의 여왕답게 고대 그리스 신화에서 생육 다산 봄의 여신이며, 헤르메스의 어머니로 알려진 마이아maia까지 가닿는단다. 노천명 시인은 시 「푸른 오월」에서 이렇게 읊었다. '라일락 숲에/ 내 젊은 꿈이 나비처럼 앉은 정오/ 계절의 여왕 오월의 푸른 여신 앞에/ 내가 웬일루 무색하고 외롭구나' 그런 오월은 고전문학에서도 색달리 표현되었다. 제프리 초서의 시 「착한 여인들에 대한 전설」에 적힌 구절이다. '저로 하여금 책을 품에서 놓게 할 수 있는 어떤 기쁨도 알지 못합니다. 예외가 있다면 황홀한 오월인데요. 모든 작은 새들이 노래하고 꽃들은 싹이 트고 꽃망울을 터뜨리기 시작하죠. 이런 오월에는 공부에 작별을 고합니다.' 그렇더라도 우리에게는 예외가 될 아픈 역사가 있다. 오월이면 되짚어지는 핏빛 슬픔이 우리에게는 있다. 그 슬픔을 달래려 올해도 광주에서는 민주주의를 지킨 오월 영령의 넋을 기리는 부활제가 열렸단다.

다행히 나의 오월은 감사와 화해의 시간이 되었다. 여든여섯이신 거동이 불편한 스승을 찾아뵌 건 참 잘한 일이었다. 사실 그전에도 선생님을 뵌 적은 있다. 내가 대학을 졸업하고 병원에서 일할 때 조카를 핑계하여 찾아오신 적이 있고, 학원을 할 때도 지나가던 길이라며 들르셨다. 모두 내가 알리지 않았음에도 어떻게 먼저 알고 오신 것이다. 나는 왜 먼저 선생님을 찾지 않았을까? 여전히 나에게 사춘기의 시퍼런 피멍이 남아 있는 건 아니었을까? 그날 선생님을 뵈며 내 안에서 여러 번 두레박질해 올렸던 생각이다. 이제쯤에서 가만히 돌아보면 선생님은 매번 나에게 뭔가 조심스러웠던 그런 눈빛과 말투였던 것도 같다. 다 무슨 소용인가. 우쭐하고 옹졸한 그간의 속내를 어렵게 지운다. 지난 인연의 궂은 기억, 못난 기억도 그만 지운다. 오월이다.

도라지꽃 아련한 그리움까지도 나의 오월이다. 그 은사님이 돌아가셨다는 소식을 전해 듣는 순간 나는 잠깐, 빚을 갚지 못하고 빚쟁이를 떠나보낸 심정으로 뭉뚱했다. 드물게 곱고 영민한 분이셨고 늦깎이 대학원생인 나를 챙겨주셨다. 그 무렵에 참 얄궂은 일이 벌어졌다. 본교 출신 교수들과 타교 출신 교수와의 갈등이 대학원생 사이까지 번졌다. 나는 가장 나이 많은 학생에다가 본교 출신이었다. 본교 출신 교수 중에는 내 친구도 있었고 타교 출신인 그 은사님은 우리를 학부 때 가르쳤던 한 분 남은 교수셨다. 실로 초겨울 스산한 바람 같은 것이 휘몰아쳐 대책 없이 불편했던 날들이 별스레 어제만 같다. 졸업 후 두어 번 은사님 뵐 기회를 그냥 넘겼다.

집으로 돌아온 나는 묵은 그릇더미 속에 포개져 있는 커피잔을 찾아냈다. 대학원 졸업 선물로 그 은사님이 주셨던…. 이미 온전한 제구실은 안 하고 물컵으로, 화분 받침대로 제각각 따로 쓰이던….

요행히 남아 있는 잔과 받침 하나씩을 짝 맞춰서 세제로 몇 번을 문지르고 맑은 물에 오래 헹구었다. 초록색 띠를 두른 잔과 받침에 만개한 도라지꽃이 영롱하게 드러났다. 이토록 귀티 나는 커피잔을 그동안 왜…. 그런데 나는 왜 이리 빚진 사람이 많은지.

● 올해의 신간 속 한 편

선망

자꾸 그녀에게 시선이 머문다. 저번에는 진명여학교 1회 졸업생인 외할머니를 따라 조선 마지막 상궁의 집에 놀러 간 유년을 쓰더니 오늘은 〈동심초〉를 부르는 엄마와 〈Oh, Danny Boy〉를 부르는 아버지를 적어왔다. 오월만 되면 옥색 한복을 단아하게 여며 입은 엄마가 생각나 몸살을 한다지만 이 어인? 내게는 오두맣게 앉아 웃는 그녀의 서사가 딴 나라 이야기만 같다. 이런 경험은 이전에도 많다.

친구는 엄마가 대학생 때 입었다는 꽃무늬 원피스를 입고 학교에 왔다. 안 그래도 이모의 관에 키스를 했다는 이모부 이야기를 듣고 이미 그녀에게 반 넘어나 빠져있는데 말이다. 엄마의 옷을 입고 강의실에 앉아 엄마와 시공간을 공유하는 그녀의 옆얼굴을, 가늘고 긴 손가락으로 머리카락을 쓸어 고르는 동작을, 다리를 꼬아 앉아 발끝 까딱거리는 것들에서 시선을 떼지 못했다.

내 아버지가 무슨 노래를 불렀는지, 노래를 부르기는 했는지 어려서 기억은 없지만 엄마의 말 한마디는 세월이 가도 지워지지 않는다. "소리라도 할 줄 알면…." 그런 엄마는 한복을 입고 머리에 비녀를 꽂았다. 여학교 때이다. 아버지가 대학교수인 미연의 엄마는 양장 차림을 하고 학교에 왔다. 나는 양장을 한 미연이 엄마도 낯설었지만 한복 차림의 내 엄마와도 바싹 붙어 걷지 못했다. 남강 다리를 건너 작은오빠네로 가던 길이다. 덕석도 깔지 않은 맨 포장도로에 나락을 널어 말리고 있었다. 그 시절 소도시의 변두리 풍경이다. 농사짓는 엄마는 걷다 말고 서서 재글재글한 가을 햇볕 아래 맨바닥의 우케를 보고 무어라 혼잣말을 했다. 나는 그만, 빠른 걸음으로 그런 엄마를 뒤세웠다. 하국화 씨, 생전에 한 번도 그렇게 이름 불린 적 없었을 내 엄마, 그때 죄송했어요.

누구나 다 아는 말인 선망羨望을 좀 더 알게 된 것은 프로이트에 대해 배운 뒤였다. 물론 프로이트의 남근선망(penis envy)에서 비롯된 성심리이론이나 젠더이분법 등의 엄청난 파생을 말하고자 함은 아니다. 그럼에도 선망에 관한 연구가 그렇게 많은 것과 각각의 연구 분야마다 선망에 대한 용어가 그토록 많음에는 적잖이 놀랐다. 나는 '부러움'으로 대체 풀이되는 선망에 대하여 자각한 견해를 말할 뿐이다. 선망은 당연히 내게 없는 것들을 향한 갈망이다. 흔히 질투의 감정과 혼돈되기도 하지만 심리학적으로는 완전히 별개의 감정으로 분류된다. 선망은 가장 원초적인 욕망으로 상상 또는 현실에 기반을 둔다. 상상에 머문 채 그대로 두거나 선망의 대상을 정복하여 현실을 만들기도 한다. 반면, 시샘이나 시기로 선이해되는 질투는 누군가의 관계에서 그 실체를 여실히 드러낸다. 선망의 내면이 인정이라면 질투는 부정의 여러 벌 겉옷과 같다고 할까. 겉

옷은 감추어지는 것이 아니라서.

　내가 가진 선망은 언제나 적당한 간격을 띄워 둔 부러움이었고 헐떡거리며 가야 할 저만큼의 거리가 버거워 애초에 내딛지 않은 길이었다. 하므로 단순하고 덜 구체적인 호기심으로 변장하여 아무도 눈치 못 챌 정도의 관심과 친절에 멈추었다. 밀레의 〈만종〉을 보고 화가를 꿈꿈으로, 파바로티가 부르는 〈네순도르마〉를 듣고 가수를 결심함으로, 밑닭개로 내놓은 김소월 시집을 읽고 문학의 불씨를 지핌으로…, 이윽고는 숨겹고 고단했을 선망을 굴복시켜 엄연한 현실로 만든 그들과 같지 못했다. 비록 아무도 모르는 독한 선망앓이의 상흔이 있다고 한들 내가 가진 선망들은 일생 현실에는 기반을 두지 못한 채 상상에만 머물다 가고 말았다.

　거슬러보아 내 최초의 선망도 상상 속의 '무남독녀'였다. 유년 시절 우리 집에는 머슴과는 별도로 농번기에만 와서 일하고 세경을 받아 떠나는 드난 일꾼이 있었는데, 그들은 거개가 솔가를 하므로 두엇의 아이가 있었다. 아이들은 바지런하여 잔심부름도 하면서 일손을 돕기도 했으나, 큰 두레상에 일꾼 아이, 주인 아이 구별 없이 빙 둘러앉는 밥때마다 내 심사가 틀어지곤 했다. 어린 나이에도 밥상머리의 그악스러움이 싫었던 탓이다. 그 무렵 무남독녀라는 말을 처음 알았다. 세상에! 아이가 달랑 딸 하나뿐이라니. 어쩌다 책 속에 무남독녀 이야기가 나오면 처음부터 끝까지 다시 읽었다. 그리고는 이른바 속편을 짓곤 했는데 당연히 내가 주인공인 이야기였다. 언니들이 안다면 참말로 미안했을 일이다.

습습한 저녁 바람을 쐬며 산책을 다녀왔고 레몬차 한 잔을 들고 앉는다. 식탁도 의자도 손에 든 찻잔까지도 나처럼 늙숙하니 편안하다. 이제쯤이면 분수없이 쏘삭대던 뜬마음일랑은 저 왔던 곳으로 되돌아가고, 휘익 둘러보아 무에 샘날 것도 부러울 것도 없는 줄만 알았더니 사람 참, 여전히 잠 덜 깬 미련이 남아 있네. 새삼 선망일 것까지야.

◇ 그냥 가을
◇ 미로

김연희

2017년 《문학도시》 등단
gongjumu@naver.com

그냥 가을

　그런 날이 있다 이유 없이 그냥 2번 출구를 빠져나오자 각자의 말을 밀어낸다 말은 입을 출구로 삼는다 출구를 빠져나온 말은 서로 손을 놓는다 먼지보다 가벼워 흩어지거나 나머지는 절뚝거린다 빈속에서 신물이 올라온다 절뚝이는 말은 맛이 시큼하다 시큼한 말이 2번 출구 앞에 질척거린다 일찍 오기 시작한 저녁이 연신 사람들을 뱉어내고 있다 저녁의 내장에 눈물이 고여 있다 뿌리 없는 사람들이 2번 출구에서 쏟아진다 쪼그려 앉은 나는 사람들의 입술을 본다 핏기가 없는 입술은 늘 슬프다 핏기를 찾아 헤맨다 허둥대는 입술은 어둠보다 더 어둡다 와석정류장은 2번 출구 앞이다 시큼하게 젖은 입술들이 다음 정류장으로 가는 줄을 맞추고 있다 물들기 시작한 가을은 그냥 가을이다

미로

당신의 일상을 잘 모릅니다
그러니 별 할 말이 없습니다
끝없이 쏟아내는 소리
안개처럼
당신과 나 사이를 잘라 먹습니다

뒤집어 본 지난 갈피마다
어둠이 고여 질척거립니다
잘라도 다시 자라는 손톱마냥
길은 낯선 길을 낳았고,
목을 치밀고 온 울음이
다리 사이로 붉게 흘렀습니다

오랫동안 피를 쏟아냈습니다
마지막 생리혈은 아주 적어

손톱 하나에 묻힐 수도 없습니다
당신 안에 오래 머문
검붉은 장미
이미 화형식을 마쳤습니다
그러니
어린 당신은
묻어 나오지 않을 겁니다

◇ 바다 곁에
◇ 선물

류옥진

2014년 《한국미소문학》 등단
시집 『흩날리는 씨앗으로』
mishelle@bsks.ac.kr

바다 곁에

바다가 보고 싶은 사람은
바다를 처음 보는 사람이 아니라
매일 바다를 보고 사는 사람이다
그대가 보고 싶다

가슴팍을 내어 놓고 젖 먹이는 엄마처럼
헤엄치는 물고기를 물새에게 내어주기도 하고
살랑이는 바람의 장난질조차 받아주기도 하고

온갖 돌팔매질도 심연에 재워두고
뱃전과 바위에 하얗게 속살을 드러내는
그래서 미치도록 그립게 하는 그대 곁에

때론 온 세상을 뒤엎어 놓는 태풍을 거느리고
모두가 두려움에 떨게도 하지만

바다가 그립기는 매한가지

다정하기가 엄마 같고
엄하기가 아버지 같은 바다
그 바다 곁에 나는 오랫동안 살고 싶다

선물

무엇을 살까 고민한다
어떤 것이 좋을까
고르는 시간
너는 나에게 와 있다

오직
너의 모든 것을
기억해 내려는 내 마음
사랑이 한 뼘 크는 순간

오롯이
너만을 생각하는
내 시간에 물든 사랑이
너에게로 간다

크고 작음은 중요치 않아
너를 향하는 발걸음에
온전히 나를 담아
너에게 보내는 사랑

◇ 참나무 친척들
◇ 농부의 심정
◇ 쓰레기 분리수거

송차식

2012년 《수필과비평》 수필 등단
2016년 《문학시대》 시 신인상 등단
부산문학인협회 회장, 동래·기장문인협회 부회장
제27회 부산문학상 우수상, 문심문학상 본상
수필집 『수측다욕壽則多辱』 외 3권
시집 『얼떨결에』 외 1권
songmom2197@hanmail.net

참나무 친척들

연녹색 잎새가 빛을 나부끼는
신갈, 떡갈, 졸참, 갈참, 굴참, 상수리나무
얼굴은 조금씩 달라도 다 한 집안

해마다 많은 잎을 만들어
인간에게 이로움 준다

곤충들이 사는 방식에도 황금비율이 있다
돋아난 새잎들 참나무가
그들의 먹잇감으로만 빼앗길 수 없는
변화로

독성 유발한다는 기발한 연구 과제로
곤충의 성장 늦추고, 감염률은 높이는
자신의 생을 지키는 지혜를 가진다

도토리묵 만들어 여기저기 퍼주던 기억이 새롭다
그 맛이 차 포도 감에서 느끼는 떫은 타닌이
참나무 집안의 명약일 줄이야.

농부의 심정

연일 더위가 기승을 부리고

주말농장에는 애타는 물줄기
옥수수 잎은 돌돌 말려
새끼줄 닮아 간다
짙푸른 감자 잎 누렇게
바닥에 누웠다

올해는 유독
남쪽에서 가뭄이 심해
작물보다
농민의 속이 더 타들어 가고

서두른 새벽
콩과 참깨 곁으로
쇠비름 잔치 퇴치할까

더울수록 활개를 펴는 쇠비름
한때는 오장육부에 좋다고
어서 자라라고 기도했는데

아침에 시원하다 싶더니
이내 불볕

오, 신이여
타는 목마름에
은총을 베푸소서

● 올해의 신간 속 한 편

쓰레기 분리수거

　지난날 우리의 조상들은 쓰레기 전쟁이라는 구호는 몰랐을지도 모른다. 삶의 생활이 나아지면서 쓰레기 수거에 대한 문제점이 나타나고 있다. 종량제 봉투를 구매하여 쓰레기 담아버리는 방식을 널리 퍼지게 한 것이 지금에 이르고 있다.
　문명이 발달함에 따라 인류가 버리는 쓰레기는 기하급수적으로 늘어만 갔다. 구석기 시대의 사람들은 주로 채집과 사냥하여 식량을 얻었기 때문에 동굴을 떠돌아다니며 살았다. 동물 사냥으로 뼈와 쓰레기를 그냥 동굴 바닥에 버리면서 생활했기 때문에 쓰레기 문제와는 상관이 없었을 것이다.
　인류가 정착 생활을 하게 될 때는 농경과 목축업을 한 것으로 추정한다. 쓰레기를 그냥 땅에 묻거나 동물의 사료로 주었을 것으로 여긴다. 이후 문명이 발달하고 인류가 늘어감에 따라 배출하는 쓰레기는 점점 늘어만 갔다.
　중세 시대 들어서는 쓰레기가 너무 많이 쌓인다. 도시 환경이 오염되고 전염병까지 확산하여 인류에게 큰 위험이 되었다. 사람들은 창밖으로 쓰레기를 던지기도 하고, 때론 배설물에 맞는 행인도 많앉다고 한다.

  나라를 다스리는 왕들도 아무렇게나 버리는 쓰레기를 해결하고자 다양한 방법으로 노력하였지만, 실효를 거두지 못했다는 것이다. 산업혁명이 일어나면서 기하급수적으로 불어나는 쓰레기는 도시의 문제가 되면서 더 과중한 위생과 전염병의 시초가 된다. 기존 쓰레기를 그냥 방치할 수가 없게 된다.

  계속 인류는 도시로 몰리면서 쌓이는 쓰레기는 도시 외곽으로 모아 두기로 하지만 이마저도 불가능하게 된다. 사람들은 점차로 쓰레기 매립장을 만들어 처리하기 시작한다. 50년대 선진 나라에서 고안한, 폴리에틸렌 소재의 녹색 봉투에 쓰레기를 담아 버리는 방식이 널리 퍼졌다.

  나는 84년 결혼하여 조그마한 5층 아파트 제일 아래층에 기거했다. 그때는 우리나라에 분리수거라는 제도는 없었다. 아파트 자체의 쓰레기 버리는 소리에 귀가 쟁쟁했다. 시도 때도 없이 쓰레기를 아래로 던져 버리는 바람에 깜짝깜짝 놀랄 때도 허다했다. 분리라는 것이 없었기 때문에 유리병이나 돌, 연탄재까지 그 어떤 것도 한 곳으로 버렸다. 차츰 기름보일러가 나오고 도시가스가 도래하는 지금의 아파트가 되었다.

  그러다 쓰레기가 일상생활에 큰 사회적 문젯거리가 되었다. 우리나라는 옛날 한때는 건물 면적이나 재산세 등을 기준으로 수수료를 부과해서 쓰레기 처리를 한 적도 있었다. 우리나라가 쓰레기 종량제를 실행한 지는 그리 오래되지 않았다. 채 30년이 되지 않았다 한다. 1995년 쓰레기 종량제를 실시하게 된다. 區마다 색상별로 규격화된 쓰레기봉투를 구매하여 쓰레기를 덜 배출하도록 시도한다.

처음에는 인식이 잘 안되어 불법으로 소각하는 문제도 있었고 불만도 많았다. 강산이 세 번 바뀐다는 30년의 기간, 많은 변화 속에 쓰레기 종량제는 우리들의 생활사와 함께 일상으로 자리매김해가고 있다.

재활 봉투 구입 비용을 줄이고 재활용할 것은 하여서 쓰레기 배출량을 줄여 여러 환경에서나 경제적인 소비에서도 큰 실효를 거두고 있다. 국력이 세어지고 수출, 수입이 늘어나 생활 소비가 상승할수록 쓰레기 처리가 난감해지고 있다. 선진국에서는 쓰레기를 묻기 위해 산 능선을 이용하기도 한다는 것이다.

지난날 발전이 없을 때 쓰레기를 파묻은 곳에 대형 아파트를 세웠는데, 그곳 주민들이 알 수 없는 병명으로 병에 걸리고 신생아의 조기 사망이 늘어 나라에서 조사하게 된다. 그곳은 병원에서 나오는 폐기물 소각장이었다는 것을 신문에서 본 듯하다. 경제 발전이 인간의 건강을 해치는 매개가 되었다 싶었다.

지구의 어느 지상이나 인류가 먹고 버리는 쓰레기는 문제가 되고 있다. 우리나라도 종량제 봉투의 크기에 따라서 가격이 매겨져 구입할 수가 있다. 얼마 전 서울시가 공원의 한 매점에서 대형 100L 종량제 봉투를 쓰지 않도록 개정안을 입법 예고했다고 한다. 쓰레기 봉투가 너무 무거워 청소하는 노동자들이 어깨나 허리를 다치는 것을 막기 위함이라고 했다.

여의도 벚꽃 축제 등으로 한강을 찾는 사람들이 늘어나면서 열흘 간의 쓰레기가 101톤이라는 기록을 세웠다고 한다. 우리나라도 가구 등의 대형 쓰레기나 재활용품을 제외한 쓰레기는 종류별로 종량제 봉투에 버려야 한다.

대형 아파트에 기거하는 경우 쓰레기 분리수거가 철저히 이루어지고 있음을 본다. 그래도 항상 정리하고 뒤처리해 주시는 종사자가 있어 감사한 마음이다. 내가 사는 이곳에는 아직 음식 쓰레기에 대해서는 처리비를 내지 않는다. 부산에서도 일부의 지역에서는 음식물 쓰레기 종량제가 있어 시행 중인 곳도 있다.

◇ 한여름 밤에 꿈
◇ 시의 징후

정말심

2009년 《문학세계》 시 등단
시집 『석류의 후숙』
angelkokoro@hanmail.net

한여름 밤에 꿈

어리석게 어리석게
한 세월 보냈다
싫어하는 걸 끝내
거절하지 못했다
만만하게 나에게
책임을 묻고 또 묻고
살았을까
견뎌냈을까
스스로
오독하고 오해하고
느리게 소화하면서
난해한 행간 사이사이
아프게
목련이 피고 지고
변신을 위하여

바람 타고
허공을 선회한 흔적들
이 밤에
불꽃처럼 피고 진다
고요한 밤
거룩한 밤
혼돈에 묻힌 밤

시의 징후

우리 서로 닿아있는 시간은
늘 부족하다
겨우 설거지 끝낸 아침나절 몇 시간
자잘한 느낌들
지루함이나 공포감
꽃향기 앞에 코를 킁킁거림이나
기쁨 슬픔 모두 멀리 있다
절반의 관심으로 느끼고
절반의 느낌으로 대화하고
반쪽 의식으로 글 쓰다가
제자리 되돌아간다
눈앞에 앵앵거리는
감정 보푸라기들과
반쪽 의지가 뒤섞인
혼탁한 날에는

지루한 순간이나
무의미한 깃발의 흔들림
불온한 느낌, 이별, 아픔 모두
한 의미로 치환될 때까지
돌기둥으로 우뚝 솟은
내 안의 슬픔
가만히 보푸라기들을
에워싸고 있다

◇ 누구세요

홍미영

2005년 《수필과비평》 수필 등단
2021년 《문학도시》 시 등단
수필집 『경계선 허물기』
시집 『나무집 동화』
violet1809@hanmail.net

누구세요

급하게 누가 부르나 화급한 소식
그 많은 문 앞에서 바람 소리 듣는다
장대비 소리 들린다
두드리다 되묻고 오랜 기다림
문들의 스무고개
물음표가 넝쿨이 된다
사랑 몇 송이
행복 몇 다발
성공 몇 번에
착각하며 우쭐해서 차려진 밥상
누군가 부르는 소리에 뒤돌아보면
길은 너무 짧았다
정답 없는 의문에 매달리다
마침표는 허공 속에 멈춘 시계탑
나누지 못하는 것들 잊지 못할 것들

되묻다 끝나는 스무고개
매일 길 나서다 상처에 진물 엉킨
지친 발바닥이 궁금해
닳은 신발 다시 챙긴다

드레문학회 연혁

> '드레'라 함은 인격적으로 점잖은 무게를 뜻하며
> 드레문학회는 고 유병근의 문하생 및
> 문학창작을 위해 모인 사람들의 공동체이다.

2010년

- **1월** 신서영 외 20명이 모여서 창립총회
  드레문학회라 명명
  초대회장 신서영, 부회장 김병국, 사무국장 최한이
  김복혜 수필집 「밑줄을 긋다」 발간
- **4월** 봄 문학기행 (운주사, 송광사 등)
- **10월** 가을 문학기행 (부석사, 소수서원 등)

2011년

- **1월** 제2차 정기총회
  송부선 부산일보 신춘문예 동시 「휠체어를 밀며」 당선
- **4월** 봄 문학기행 (운문사, 운강고택 등)
- **10월** 가을 문학기행 (해인사, 소리길 등)

2012년

- **1월** 김복혜 제2회 문학도시작가상 수상
- **2월** 제3차 정기총회, 임원 연임
- **4월** 봄 산행 (이기대 갈맷길)
- **5월** 신창선 수필집 「어멍아 어멍아」 발간
- **11월** 가을 문학기행 (청도읍성, 선암서원 등)
- **12월** 김정읍 수필집 「움직이는 벽」 발간

2013년

2월	제4차 정기총회
	신입회원: 정선우, 송차식, 김덕조, 이영순, 현주
4월	봄 문학기행 (밀양 영남루, 혜산서원 등)
10월	신서영 제4회 대구일보 경북문화체험 전국수필대전 동상 수상
12월	신서영 부산수필문인협회 올해의 작품상 수상 「소리의 바람」

2014년

2월	제5차 정기총회
	회장 황선유, 사무국장 이승숙, 감사 신창선
	신입회원: 고유진, 유영자
4월	봄 문학기행 (의령 곽재우장군 유적지, 정암루 등)
8월	신창선 두 번째 수필집 「이어도 사나」 발간
10월	신서영 수필집 「전생에 나는 수라간 상궁이었을라」 발간
11월	가을 문학기행 (예천 금당실마을, 삼강주막 등)

2015년

2월	제6차 정기총회
4월	봄 문학기행 (오키나와 2박3일)
5월	「드레문학회」 비영리법인단체 등록
8월	신입회원: 강경숙, 김정미
9월	김병국 시집 「겨울 그 자리」 발간
10월	《드레문학회동인지 에스프리드레》 창간호 발간
	가을 문학기행 (논산 윤증 고택, 박범신 집필실 등)
12월	홍미영 수필집 「경계선 허물기」 발간
	방민실 수필집 「나무도마」 발간
	《드레문학회동인지 에스프리드레》 창간호 출판기념회

드레문학회 **연혁**

2016년

- 2월 제7차 정기총회.
  회장 안영순, 사무국장 고유진, 감사 신창선, 김정읍
  신입회원: 신장식, 류옥진, 최아란
- 4월 봄 문학기행 (하동 쌍계사, 평사리공원 등)
- 6월 송차식 수필집 『달이 참나무가지에 걸리다』 발간
- 7월 여름 문학기행 (타테야마 3박 4일)
- 8월 신창선 세 번째 수필집 『오름아리아』 발간
- 10월 《드레문학회동인지 에스프리드레》 제2호 발간
  신입회원: 김금예, 김연희
  가을 문학기행 (창녕 물계서원, 우포늪 등)
- 11월 변순자 수필집 『우두커니 쳐다본다』 발간
  송부선 제3회 경북일보 문학대전 시 부문 은상 수상 「흔들리는 방」

2017년

- 2월 제8차 정기총회.
- 4월 봄 문학기행 (안동 하회마을, 봉정사 등)
  황선유 수필집 『전잎을 다듬다』 발간
- 6월 홍미영 시집 『나무집 동화』 발간
  김병국 수필집 『용이 된 연어』 발간
- 7월 유영자 수필집 『길표 운동화』 발간
- 8월 이승숙 수필집 『이화, 달빛 사르다』 발간
  신창선 제17회 수필과비평문학상 수상
  김연희 〈문학도시〉 시 등단
- 9월 《드레문학회동인지 에스프리드레》 제3호 발간
- 10월 가을 문학기행 (경주 동리목월문학관, 서출지 등)
  라성자 수필집 『그냥 표류하다』 발간

	송부선 시집 「오후 두 시를 건너가는 비」 발간
	안영순 수필집 「강에게 고향을 묻다」 발간
	유병근 선생 제1회 부산원로문학상 수상
12월	송차식 시집 「차茶 향기 속으로」 발간
	안현숙 수필집 「맹그로브 숲을 향하여」 발간

2018년

1월	송숙 수필집 「서울 남자」 발간
	김덕조 수필집 「비꽃을 보다」 발간
2월	제9차 정기총회
	회장 변순자, 사무국장 황선유, 감사 신창선. 김정읍
	황선유 두 번째 수필집 「은은한 것들의 습작」 발간
3월	신입회원: 이두래
4월	봄 문학기행 (여수 오동도, 향일암 등)
8월	신창선 네 번째 수필집 「버킷리스트 여행」 발간
10월	드레문학동인지 에스프리드레 제4호 《손을 쓰다듬다》 발간
11월	가을 문학기행 (순천만)
12월	변순자 수필문협 제9회 문학상 우수상 수상
	정선우 시집 「모두의 모과들」 발간

2019년

2월	제10차 정기총회
3월	최아란 제5회 에세이문학 올해의 작품상 수상
4월	봄나들이 (조각공원, 평화공원, 부산박물관)
6월	송차식 두 번째 수필집 「그날부터」 발간
7월	김정읍 두 번째 수필집 「옆자리」 발간
	고유진 제16회 문학세계문학상 수필 부문 대상 「가시덩굴을 넘었더니」

드레문학회 **연혁**

          드레문학동인지 에스프리드레 제5호《참, 고마운 만남》발간
          유병근 선생 미수 축하 및 에스프리드레 제5호 출판기념회
          류옥진 시집「흩날리는 씨앗으로」발간
10월   현주 수필집「말을 삼키다」발간
11월   가을 문학기행 (울산 십리대숲, 고복수 음악살롱 등)

2020년

2월   제11차 정기총회
      회장 이현미, 사무국장 최아란, 감사 신창선, 김정읍
5월   황선유 세 번째 수필집「몌별」발간
7월   정말심 첫 번째 시집「석류의 후숙」발간
      송차식 동래문인협회 작품상 수상
8월   황선유 제15회 황의순 문학상 수상
9월   송차식 제27회 부산문학상 수필 부문 우수상「그날부터」
      신창선 수필선집「흘러간다」발간
10월 드레문학동인지 에스프리드레 제6호《다시는 그런 날이 오지 않을 것 같아서》발간
      이두래 제7회 경북일보 문학대전 수필 부문 동상「막걸리, 길 위에 서다」
11월 김욱희 회원 별세

2021년

1월   신창선 The 수필 빛나는 수필가 60인 선정「직선, 그리고 곡선」
4월   유병근 선생 별세
6월   송차식 세 번째 수필집「구름아, 이 가을 너도 아는지」발간
10월 드레문학동인지 에스프리드레 제7호《밤이 지나 새벽 오듯》발간
      신창선 회원 별세

11월	김종희(빈빈 문화원 대표, 수필가, 시인, 미술사학자) 드레문학방 지도 시작
12월	송차식 2021년 부산문학인아카데미협회 문심문학상 본상 「구름아, 이 가을 너도 아는지」

2022년

1월	최아란 수필집 「언니의자」 발간
2월	제12차 정기총회
	회장 김복혜, 사무국장 송숙, 감사 김정읍, 에스프리드레 편집 황선유
4월	유병근 추모1주기 산청호국원 참배
	봄 문학기행 (산청 남사예담촌)
7월	고유진 수필집 「신은 할 일 없는 자에게 일을 맡긴다」 발간
8월	송차식 두 번째 시집 「얼떨결에」 발간
10월	최아란 제10회 매원수필문학상 수상 「언니의자」
	송차식 제1회 이삭문학회 작가상 수상
	드레문학동인지 에스프리드레 제8호 《빈빈 가는 길》 발간
11월	박호선 제14회 포항소재문학상 수필 부문 우수상 수상 「구룡포에는 날마다 해가 뜬다」
12월	최아란 2022년 에세이20선 선정 「작가 스무 명」
	황선유 제13회 부산수필가문학상 대상 수상 「메별」
	신서영 두 번째 수필집 「아직은 꽃」 발간

2023년

1월	김종희 제9회 민들레수필문학상 수상
2월	제13차 정기총회
	회칙 변경
	신입회원: 박호선

드레문학회 **연혁**

4월	봄 문학기행 (포항 구룡포항, 일본인 한옥 거리, 오어사)
5월	김정읍 세 번째 수필집 「나를 알고 계시온지!」 발간
9월	유병근 선생 유고 수필집 「횡포가 나를 키운다」 발간
10월	유병근 선생 유고 수필집 출간기념회
	드레문학동인지 에스프리드레 제9호 《삶도 때로는 날개를 단다》 발간
12월	신서영 제14회 부산수필가문학상 본상 수상 「아직은 꽃」
	이승숙 두 번째 수필집 「매화 홀로 난분분」 발간
	김덕조 두 번째 수필집 「그 겨울은 따뜻했다」 발간
	박호선 두 번째 수필집 「의자, 길을 묻다」 발간

2024년

1월	제14차 정기총회
	회장 류옥진, 사무국장 최아란, 감사 김정읍, 에스프리드레 편집 최아란
	신입회원: 이석동
4월	봄 문학기행 (고성 상족암군립공원, 송학동 고분군, 장산숲)
5월	황선유 네 번째 수필집 「수비토의 언어」 발간
6월	송차식 네 번째 수필집 「수측다욕」 발간
7월	최아란 두 번째 수필집 「소란하게」 발간
	이현미 첫 번째 수필집 「아날로그의 추억, 그 후」 발간
11월	가을 문학기행 (함안 무진정, 입곡문화공원, 고려동 유적지)
	드레문학동인지 에스프리드레 제10호 《물은 흐른다》 발간

드레문학 서가

고유진	신은 할 일 없는 자에게 일을 맡긴다 (2022)
김덕조	비꽃을 보다 (2018) 그 겨울은 따뜻했다 (2023)
김병국	겨울 그 자리 (시집, 2015) 용이 된 연어 (2017)
김복혜	밑줄을 긋다 (2009)
김정읍	움직이는 벽 (2012) 옆자리 (2019) 나를 알고 계시온지! (2023)
라성자	그냥 표류하다 (2017)
류옥진	흩날리는 씨앗으로 (시집, 2019)
박호선	나에게로 온 꽃 (2020) 의자, 길을 묻다 (2023)
방민실	나무도마 (2015)
변순자	우두커니 쳐다본다 (2016)
송 숙	서울 남자 (2018)
송차식	달이 참나무 가지에 걸리다 (2016) 차茶 향기 속으로 (시집, 2017) 그날부터 (2019) 구름아, 이 가을 너도 아는지 (2021) 얼떨결에 (시집, 2022) 수측다욕壽則多辱 (2024)

드레문학 서가

신서영	전생에 나는 수라간 상궁이었을라 (2014) 아직은 꽃 (2022)
안영순	강에게 고향을 묻다 (2017)
안현숙	맹그로브 숲을 향하여 (2017)
이승숙	이화, 달빛 사르다 (2017) 매화 홀로 난분분 (2023)
이현미	아날로그의 추억, 그 후 (2024)
정말심	석류의 후숙 (시집, 2020)
최아란	언니의자 (2022) 소란하게 (2024)
현 주	말을 삼키다 (2019)
홍미영	경계선 허물기 (2015) 나무집 동화 (시집, 2017)
황선유	전잎을 다듬다 (2017) 은은한 것들의 습작 (2018) 메별 (2020) 수비토의 언어 (2024)
김종희	나는 날마다 신화를 꿈꾼다 (2007) 기억, 장소, 그리고 매축지 (2013) 사람, 나를 이야기하다 (2015) 돌탑에 이끼가 살아있다 (2018) 사랑도 기적처럼 올까 (그림시집, 2021)

드레문학회 동인들

(2024, 가나다순)

강경숙 고유진 김금예 김덕조 김병국
김복혜 김아영 김연희 김정읍 김지숙
라성자 류옥진 박호선 방민실 변순자
송　숙 송차식 신서영 신장식 안영순
안현숙 유덕자 이두래 이석동 이승숙
이현미 임소조 정말심 최아란 현　주
홍미영 황선유

드레문학동인지, 에스프리드레 제10호
물은 흐른다

초판인쇄 | 2024년 11월 11일
초판발행 | 2024년 11월 13일

지 은 이 | 강경숙 외
펴 낸 이 | 이병우
펴 낸 곳 | 육일문화사
　　　　　부산광역시 중구 복병산길6번길 11
　　　　　051.441.5164　book61@hanmail.net
출판등록 | 제1989-000002호

ISBN 978-89-91268-66-9 03810

값 14,000원

* 본 도서의 내용을 저자와 출판사에 알리지 않고 무단 사용할 경우
　저작권법에 위배됨을 알립니다.